짐작의 우주

리토피아포에지 · 70
짐작의 우주

인쇄 2017. 11. 5 발행 2017. 11. 10
지은이 백인덕 펴낸이 정기옥
펴낸곳 리토피아
출판등록 2006. 6. 15. 제2006-12호
주소 402-814 인천 남구 경인로 77
전화 032-883-5356 전송032-891-5356
홈페이지 www.litopia21.com 전자우편 litopia@hanmail.net

ISBN-978-89-6412-091-0 03810

값 9,000원

이 도서의 국립중앙도서관 출판예정도서목록(CIP)은 서지정보유통지원시스템 홈페이지(http://seoji.nl.go.kr)와 국가자료공동목록시스템(http://www.nl.go.kr/kolisnet)에서 이용하실 수 있습니다.(CIP제어번호: CIP2017026850)

백인덕 시집

짐작의 우주

리토피아
LITERATURE & UTOPIA

시인의 말

춥다.

여름 한기寒氣는 뼈에서
밀려 올라온다.
숨 쉴 때마다
입을 열기만 하면
냉랭한 시간이 부드러운 칼처럼,
얼음처럼 뻗어나간다.

춥다, 더는
피하거나 물러서는 방법이 아니라
뜨거운 부패腐敗의 길을
찾아 나서야겠다.

2017년 늦여름
백인덕

차례

제1부 난경難境 읽는 밤

제2부 멱라우풍覓羅遇風

제3부 박무薄霧의 저녁

제4부 짐작의 우주宇宙

| 제1부 |

난경難境 읽는 밤

시적 영향에 대한 불안

누군가 기웃거렸을 이 창문에 대하여

그런 날이 있었다고 하자.
몸통을 두어 번 굴리면 학생, 되돌아 굴리면
아나키컬니힐리스트, 나는 그 나이를 사랑했다고 치자.

그런 날이 있었다고 하자.
창문이 서쪽이면 저녁이 핏빛인건 필연이지만
아, 아버지는 각혈의 낭만을 경멸했다고 치자.

그런 날이 있었다고 하자.
겨우, 근방에서 집을 잃어버리고 네거리 신호등 앞
한참을 서 있을 때, 제 영혼보다 무거운
가방을 짊어진 채 새가 되지 못한 대학생들.

누군가 창문을 기웃거렸을 그날들이
꼭 있었기를,
꼭 있었기를,
표지가 낡은 해롤드 블룸을 다시 읽으며……

저녁 독서

이내가 내려서면
푸른 통증의 몸이 열리고
느리게 서성이던 구릉들이 낮아지고
사각의 창이 동그랗게 깎인다.
외면할 수 없는 활자活字로 날아 와
제 머리를 밀어 넣는 서녘의
붉은 새들,
작고 검은 눈이 이쪽을 향해 열린다.
무한히 열리며 층층이 무너진다.

언제던가,
낮은 구릉마다 맨발로 세워졌었던
무엇이었던가,
한없이 떨며 휘던 푸른 몸의 수신호는
그리고 까닭은,
이내를 거슬러 젖은 머리 곧추세웠던
무수한 저 환희와 상심의 화살들.
다 어디로 쏘아 올려 진 것일까?

무너진 작고 검은 눈이 단단히 감긴다.

저녁의 기습 한파,
동그란 창이 속 깊이 얼어붙는다.
작은 활자들의 첫 생매장.

난경難境* 읽는 밤

눈이 가려워 시각을 알고
맥이 풀려 때를 알며
몸 마르니 계절을 알고
마을을 벗어나서야 시대時代를 알겠더라.

당나귀를 부르면
요령搖鈴도 없이 야시장 뒷길,
발굽을 울리며, 문가에 서성이는 검은 눈망울.
휘-익, 식은 국수 한 그릇 먹는다.

지인知人 만나 생활을 알고
학인學人과 더불어 상황이 이해되고
TV에서 시대를 느끼지만,
뒷동산 버려진 쉼터에서 운다.

마차를 부르면
발굽소리 없이 습지의 건너 편,
검은 흙먼지 날리며, 경계를 위협하는 잿빛 갈기들.

채 여미지 못한 옷자락 나부낀다.

-어디에서 떠날 것인가,

* 난경: 절대로 지나갈 수 없는 진리의 핵심, 그리스어 'aporia'와 유비적 관계임..

새벽 독서

페이지가 엉켜버렸다.
뒤뜰 고양이가 보채고
스마트폰이 먹통이 된 순간,
어쩐지, 무언가
중요한 내용이 꼭 들어있을 것만 같은
얇은 페이지가 엉켜버렸다.
112-113에서
116-117이 자꾸 펼쳐진다.
앞으로 가도, 뒤로 가도
생은 한 생일 뿐이다.
반쯤 열린 창을 마저 열어젖히고
먹통 스마트폰을 충전기에 꽂고
슬쩍, 고양이처럼 가슴 쓸어내리며
다시 새 책을 펼친다.
… …
그대의 지문이 파랗게 떠 있는 속표지
그만 멈추고 만다.
읽지 말아야 할 페이지도 있을 것이다.

아직은 속 깊이 닫아 두어야 할
검은 페이지들.

내가 태어나지 않았을 때

방 한 가운데
둥근 상은 다리가 두 개
네모 상은 다리가 넷
다리 없는 사람들은 여럿.
내가 태어나지도 않았을 때

둥굴거나 네모난 밥상 위
젓가락은 두 개
숟가락은 하나
사람들은 입으로 밥을 먹었지
말없이,
허겁지겁 먹어치웠지
하루거나 반나절, 겨우 삼분의 일
정량미달의 우주를.
내가 태어나지도 않았을 때

그리고
밥그릇을 던졌지

젓가락을 부러뜨리고
숟가락을 구부리고
밥상을 엎었지
누워서 밥상을 받을 순 없으니까
내가 태어나지도 않았을 때부터.

사월의 오늘

비 맞는 나뭇가지 사이
박새 한 마리
처연히,
천연덕스럽게 제 목을 돌린다.

문고리에 걸린 분홍 넥타이가 올가미를 죄며 다가선다.
진즉에 지워진 목덜미를 움켜쥐고 백열등 그늘 아래
한 놈이 웃는다. 썩은 앞니에서 독충毒蟲이 쏟아지고
그 중 몇은 오색 무지개를 펼치며 환幻한다.
목에 걸려 있던 가시처럼 놈들에겐 죄가 없다
오. 늘. 은……

쉴 새 없이 절벽 틈에서 기어 나오는 그림자들.
지난밤의 분음分飮은 뚝, 뚝 아침 언어를 분지르는데
어디에 박혀야 생 이를 앓을까, 단단한 질감의
혹은 영혼이라는 것이 있다면 어느 못에 걸려야
아침마다 엷어지는 분홍빛으로 저 캄캄한 세상을 건널까?
오, 늘, 은……,

〉

아침부터 비가 내리는 먼 초원의 들창 안,
분홍빛 거미줄이 지상으로 뿌리를 내리는 휠덜린과 소월과
파베세의 유형流刑의 영지領地,
제 목을 꺾는 박새 한 마리가
온 몸의 시로
온 세상의 비와 맞서는 곳.
오, 늘, 은……

천안天安 지나

늘어선 아까시 그늘 아래
아랫도리만 벗겨진 주검들이
엎드려 있다.
차창을 따라,
그늘이 움찔거릴 때마다
사정하듯 부풀어 오르는 습한 대지.
여기 사랑은 오늘도 '안녕'하겠지만,
끝없이 겹쳐지는 꽃그늘은 죽음을 잊게 한다.
언젠가는 처녀지였을 천안을 지나
낮은 산과 계곡마다
늦봄 한기寒氣에 찔려 죽은
더럽게 서러운 사내들이 버려져 있다.
푸르게 얼어가는 등짝마다
바람을 못이긴 눈발들 쏟아져
찌익, 찌-익 얼어가는 풍경 하나
남南으로, 남에게로
넓게 퍼지고 있다.
연신 들썩이는 차창을 따라,

아랫도리에서 가슴으로 올라오는 한기寒氣
-하늘 아래 구원이 어디 있으랴,
천안天安을 지나면 잿빛 하늘 끝에
부르튼 발 한 짝 겨우 닿아 있으리.

빈사瀕死의 근황

다시,
머리에 이가 살고
두 눈 가득 눈곱이 끼고
달고 노란 콧물이 들락댄다.
아침, 저녁으로 목소리는 끝없이
갈라진다. 불만과 변명 사이에서

걸음은 지그재그 벽을 향해 출렁이고
휘젓는 두 팔엔 가득, 가득히
시큰한 썩은 호박내 난다.
다시,
모자와 신발이 보이지 않는다.
실밥이 풀어진 명찰도.

반쯤 얼린 감 속살을 파먹으며
어둑한 방 모니터
가득,
죽어가는 별의 눈동자를 띄워놓고

차고 날선 바람보다 재빠른 서판書板에
생을 기입한다. 아무렇지도 않게

다시,
죽지만
단지 죽기 위해,
애써 살았던 것은 아니다.

후Who-휴休

어둠에서 쏟아진 물빛 하나
막, 걷기 시작한다.
저기, 서서히 팔이 돋는다.
-휴休-후Who,
저기, 그림자가 기운다.
저기, 기울어진 그림자 양 주머니가 불룩하다.
무엇을 숨겼나,
무엇을 내다버리려,
그림자의 등은 멀어질수록 엷어지는가?
사흘의 비, 망가져버린 봉숭아 꽃밭을 짓밟고
격자의 낮은 담장 사이 좁은 물길을 헤쳐 나와
탈골된 어깨가 걸어간다.
겨우 달린 머리통이 덜렁일 때
-단 하루라도 '정의'로웠던 적이 있었던가?
천호동 구사거리 농협 앞엔 늙은 창녀가 서성이고
성내동 밤 공원엔 껍질이 붙은 새끼 부엉이가 울고
풍납동 유적 위엔 돈바람이 분다.
어느 쪽이 더 철학적인지,

강둑을 넘어온 바람에 떠밀려, 잔뜩 웅크린 채
학위논문을 계단에서 지옥으로 바꾸고
생의 좌우명을 오른쪽으로 비틀고
오른쪽 손목을 잘라 지우고
저기, 한 그림자가 느리게 분리된다.
한 가득 검은 물빛 번들거리는 골목을 빠져나와
막, 걸으며 비틀거리며 휘청대며 뛴다.
불룩한 그의 양 주머니엔,
썩은 감자와 스피노자,
아니면,
헤겔과 홍삼캔디,
다시, 순간의 선택만이 무거운 그림자를 짓누를 뿐,
그 골목엔 아무도 없다, 끝내 없었던 것이다.

아무도 울지 않는 저녁

내게 저녁은 없다. 더 이상
길게 끌고 다녔던 그림자를 한 벽에
세워놓고 도망쳤으니까, 난
마치 유명인 누굴 암살하듯, 훅
침 한 번 뱉고, 정강이 걷어차고
이 좁은 창틀 아래 앉아 마누라가 좋아하는
시를 쓰니, 써야만 하는데
저녁이 없으니 담장이 기울지 않는다.
제 하늘을 찌르는 헐벗은 나무들만
기세등등.
내게 저녁은 없다.
홍천강에서 잃어버린 까만 운동화가 몸 탱탱 얼어
자꾸 부르는 밤, 담장 너머
허연 목소리로 부르는 밤.
난 어디로든 갈 수 있지만,
아무데도 갈 수 있는 준비는 하지 못했다.
사랑했던 그림자를 왕십리역 근처,
쓰레기 더미 벽에 못 박아 두고,

이제 저녁 없는 삶의 시작이다.

언제나 시작이다.

그러나 슬픔은 지속된다

-무엇으로부터 촉발된 것이 반항과 저항이라면, 무엇을 향해 요동하는 것은 열정이다. 인간은 언제나 '싫다'고 말할 권리를 갖는다. 그것이 저항과 열정의 정신을 바탕으로 했을 때 말이다. 나머지는 다 핑계고 허위이며 기만일 뿐이다. 정의로움은 이 '싫다'고 말한 인간 권리의 선언에서 비롯한다.-백인덕

사선射線에 놓인 강아지풀,
왼쪽 조준점 안에서
소름처럼 제 돌기를 떨 때,
가랑비는 머리가 아니라 헌 신발부터 젖어든다는 것을
맨 땅, 맨 가슴으로 엎드려 있었을 때,
방아쇠를 당겼다.
저 소름과 소름 사이를 내가 관통할 수 있다고 믿었던,
8톤 트럭이 시속 80km로 달려들 때,
최소한 비틀거려도 뒤로 자빠지지 않으리라 믿었을 때.
슬쩍 허리 꺾는 강아지풀,
몇 겹 울음이 미친 속도를 다스린다.

사는 법法이란 죽음을 피하는 법法이 아니라
그저 죽음에 저 자신을 떠안기는 법法.
강아지풀 실대 아래 저녁 안개가 내려선다.
시린 총구를 가슴에 대고,
단단하게 방아쇠를 잠근다.
아, 바짓가랑이를 간질이던 풀잎들이여!
더불어 살고, 더불어 애통하리라.

더는,
무엇을 사수死守하라는 말인가?

오월—심지心地

숨만 뱉어도 불꽃이 튀었다.
아예 눈감고
질끈 입술을 깨물었어도
닫히지 않는 콧구멍으로 흘러드는
미래라는 생의 전율들.

방위병 십팔 개 월, 훈련 뒤 정비 때마다
밤 한강 건너 동네를 돌고 돌아 사 모은
그렇고 그런 도색잡지들.
그중 딱 하나
표지 모델도 후지고 장정도 형편없었지만
페이지를 넘길 때마다 훅, 훅
얼굴에 불어오는 불길.
튀어나올 듯 포즈가 좋아, 아니
무섭고 즐거워 보란 듯
책장 한 가운데 원서 사이 꽂아두었다.

생의 전율은 왼팔 경련으로 몰락했는데

아내와 다투다 빼 던진 책이 하필,
벌거벗은 채 서른의 내가 온갖 포즈로
연신 유혹/구걸하고 있다.
당신의 불꽃이 내 심지에 옮겨 붙기를……

하염없이 어른대는 눈동자와
모든 발음이 비틀대는 이빨,
엉성하게 밖으로만 삐져나오는 코털로
무장한, 쉰 살,
오월.
모든 생기生氣는 몸 밖에서 흘러든다.

빈사瀕死의 근황近況 · 2

잠긴 목이 발목쯤에서 삐걱댈 때
얼굴 반만큼 열린 창틈에 황소바람.
언제나 비유는 힘이 세지만
순간 빗나가는 이 기분, 왼쪽으로만 휘는
팔의 각도는 어디에 덧대야 할까?

바람에 맞서 새벽 창틈에 눈 한쪽 밀어 넣으면
근시近視의 초점이 정확하게 가 닿는 곳.
낮은 담장 아래 노란 국화 한 송이,
열린다. 홀로거나 무리거나 우주의 길은 한 가지.
언제 집중하고 비로소 산개散開할 것인가?

아픈 어깨의 반대쪽으로 구두를 신을 때
먼저 신을 수 있는 건 늘 절름대는 왼쪽,
덜 닳은 뒤축이 무겁게 중심을 기울게 하지만
통점痛點을 잊은 몸은 종이 한 장 차이쯤 무시한다.
한낱 목숨은 어떻게 기울어야 하는가?

〉

여긴 해가 넓게 지는 땅,
바다로 향한 국도변 늙은 플라타너스 아래를
깨진 보도블록만 절름대며 걷는다.
애써 곧게 걷지 못할지라도
해가 지고, 너른 잎이 술렁이고, 날쌘 차량들마저
붉은 신호마다 멈춰 설 것이므로
난 소명을 다했다, 약간 비틀렸을 뿐.

난경難境읽는 밤

—균均에게

목 치러 가자,
목 치러 가자.

깃 헤진 마음 천리를 가면,
구월, 태백 지나 지리산까지 골마다
널린 주검, 봉우리마다 맺힌 피 안개.
등 펴고 구름 산算할 자리,
쪼그려 똥이라도 쌀 데
더는 없으리,
더는 없으리.

억조창생億兆蒼生 죄가 많아,
억조창생億兆蒼生 죄가 많아,

벌써 찬장에 독주毒酒가 떨어졌나, 빈 것 같은
술병을 끌어 모아 한 잔의 불을 완성하는 새벽,
—"어떤 혁명도 순전히 개인적인 독창성의 결과는 아니다 그런 독창성이 얻을 수 있는 최대치는 광기이다. 광기는

자아에 구속된 혁명적 자유이다"—존. 버거
타는 목으로 뒤란 대숲을 서성인다.

그만 책장을 덮자,
무릎 위 장검 빼어들고 개 한 놈 치자,
서럽지 못해 휘두르는 칼날엔
쓰윽, 보리 싹 떨어지는 소리,
제 목이나 다시 질끈 동여매자.

동짓달

눈이 내린다.
창밖은 서설이 한창,
아내는 멸치를 볶는다.
창안엔 빈 틈 사이 삶이 달궈지고
나는 하르투리안의 책을 읽고,
아내는 남태평양을 유영한다.
지느러미 없이 저 우아한 물질은
그렇다, 당신이 얼마나 숨 고르며 이
세상을 거슬렀는지 말해준다.
나는 그저, 선언적 명제 아래서만
고만한 섬의 어부가 된다.
성긴 그물로 낯선 은유를 낚아 올려
도매금 어(語시)장에 널어놓고 싶을 뿐이다.
창밖의 서설은 제 스스로 겨워
이제 폭설이다.
올려 보는 창 안에서
유영을 마친 아내가 물빛으로 시선을 건넨다.
나는 아직 '역사의 요동' 속에 있는데,

창 이 쪽, 저 쪽이 진저리치게 밝아온다.
아내여!
그러므로 나는 그대의 불과 기름에 있고,
저 성긴 눈 사이에 하릴없이 서성이고
고단한 잠과 꿈의 경계에
지친 빨래처럼 널려있으려니,
창을 메워버리는 눈,
걷어내지 못한 눈의 폭력 아래
이 쪽창 안에서 나지막하게 그대를 부르는
나는 목이 겨워,
겨우, 그대 이름을 부를 뿐.

낮술, 푸에리토리코에서 쓰는 비가悲歌

푸에리토리코에서 낮술을 마시고
헌 빨래가 걸려있는
해변이 보이는 이층 창가에 앉아
쓴 담배를 피워 물고
난, 혼자 중얼거리네.
"나는 지옥을 안다. 내가 거기 있으므로"
참, 이건 랭보의 말이었던가?
맥주에 섞어 마신 럼이 목젖에 치밀어 오른다.
그는 썩어가는 무릎을 송곳으로 찌르며
아무도 읽지 않을 시를 썼다.
난, 랭보의 이름을 되 뇌이며
이미 썩어버린 심장을 카리브 해풍海風에 말리며
가장 쓴 담배를 피우는 사이, 혼자 중얼거린다.
약간의 비음鼻音을 섞어
"두터운 화장을 한 지친 영혼",
축제가 끝난 골목마다 사내 몇이 버려져 있고
깡마른 고양이들이 사내의 목덜미를 핥는 사이,
참, 이건 파베세의 이미지였던가?

낮술의 해안을 지나 헌 빨래가 가리키는 숲으로,
그러니까 럼이 맥주에 섞이는 속도로 휘어진다.
기억의 회로들을 마구 연결하고, 끊고, 용접하고, 휘어버리고,
서늘한 영혼의 밑바닥에 내던진다.
그러면 나는 럼에 맥주를 붇듯, 맥주에 럼을 붇듯
산본 중심상가에서 사랑에 빠지고
"이 옷자락의 피는 나를 증거하리라"
다시, 제 머리통만한 쓴 담배를 물고 안산의 거리를 헤매리라.
참, 이건 예세닌의 투정이었던가?
안산의 거리는 저녁이 아름다워, 아름다운 저녁의 안개는
재빠르고, 시인이 되지 못한 택시기사는 제 목숨을
총알 같은 속도에 건다.
푸에리토리코에서 낮술을 마시고, 그 어떤 새도
직선으로 추락하지 않는 산본에서 사랑을 하고,
쓴 담배 한 개비 물고 안산의 안개 속에 휩싸인다.
안개는 순간 살 틈을 헤집고, 몸 안의 피를

서쪽 하늘에 뿜어버린다.
그러면, 내 체액엔 푸른 멍처럼 떠도는 낮술만 남아,
맥주처럼 차고 헐겁게,
럼처럼 뜨겁고 간단하게,
사랑할 수 있다는 것일까,
살아 갈 수 있다는 것일까?

| 제2부 |

멱라우풍 汨羅遇風

아버지의 철모

함부로 열 수 없는 문 한 짝,
회색 벽 한 가운데 박혀 있다.
십자형으로 그어진
이 빠진 대검 자국,
죄와 구원의 길이 맞물려 흔들린다.
내 군번은 19907677, 아버지는
수도사단 2대 수색중대장 출신, 선임자는
설악동 계곡에서 목이 잘렸다고 했다.
실탄 세 발 남은 권총과
계급이 선연한 철모,
백여 명의 전사통지서와 함께
아버지는 원하지 않는 특진을 했다.
왼쪽 눈썹이 가려진 아버지의 사진을
앨범에서 꺼내 문
한 가운데 마른 침을 발라 붙인다.
맞물려 흔들리는 죄와 구원의 돌기,
나는 어느 쪽으로 더 기울어야 하는가.
회색 벽 한 가운데 박혀 있는
아직도 열 수 없는 문 한 짝.

이월—그림자

창틀이 운다.
헐벗은 겨울나무 두 그루
여윈 그림자마저 닿지 않아
골목은 온통 얼음판이다.
새벽 내,
누군 미끄러져 눈알이 빠지고
누군 또 미끄러져 팔목이 꺾이고
아, 밤의 누군가는 미끄러지기도 전
제 그림자를 풀어버렸다지만,
방문 틈으로 독가스처럼 새어드는
아내의 기침소리 멈추지 않는다.
볼펜 끝을 하염없이 붓질하던
더러운 손으로
창문 안쪽의 심장을 더듬는다.
아내가 빨아준 세로 줄무늬 죄수복 아래
뼈아픈 심지를 눌러 본다.
아무래도 잘못 살고 있는 것 같은데,
삶을 모르는 겨울나무 두 그루

서로 쳐다보지도 않으며
그냥 울고 있다.
삶은 맞서야 하는 칼바람이 아닐지도 모른다.
신발 아래 차갑게 끌어야 하는 헐거운
수레가 아닐지도 모른다.
창틀이 운다. 지난 겨울밤과 같이
쇠와 나무 두 잇몸을 엇갈려 흔들며
덜, 덜, 덜,
울음 끝에 서로를 풀어놓으려 한다.
한밤을 지새워 배울 수 없었던 것은
한 생을 태워 지워버려야만 한다.
늘 새로 태어나는 것만이 아침의 숙명이니까.

사월—파문

사월의 바람은 아직 시리고
참숯 위에 고기는 노릇하게 익어가고
왼쪽으로 꺾인 호수는 쉼 없이 반짝이고
주머니 속 전화기는 깰 줄 모르고
재빨리 담배연기는 등 뒤로 흩어지고
잔을 비울 때마다
저절로 머리 안 우리가 열리고
가는 햇살 헤치며 마당을 뛰어다니는
코끼리를 뒤쫓는 쥐,
쥐 다리를 문 뱀,
뱀 꼬리를 밟은 낙타,
겨우 앞 몸통이 빠져나온 표범,
쫓고 쫓기며 석쇠 위에 고기를 구워먹는
호숫가 사월의 야유회.
아무도 없는
빈 길이 서러워,
멀게 이어진 빈 길이 서러워,
평범하게 길게 뻗은 빈 길이 서러워,

평범하게 길게 뻗은 좁은 빈 길이 서러워
사랑했을 것이다.
그 길을 거스르고 있었다면,
지친 떠돌이 한 마리 개였을지라도.

시인 투정

빗물에 패인 길 하나
오후 두 시의 창으로 쓸려온다.
영문투성이 약병을 열어
연분홍 알약 두 알을 삼킨다.
영문을 모르겠지만 가슴이 아프다.
또 누가 죽었거나
양장본 시집을 냈을 것이다.
등신의 세상에서 보란 듯이 등신을 증명하며
슬픈 지문을 페이지 곳곳에 묻혔을 것이다.
자기 죄에 중독되어 기꺼이 세계를
사면赦免했을 것이다. 아니,
나리백합에 제 검은 키를 재보았을 것이다.
오후 두시 지나,
뒷담을 타는 어미고양이 울음만
키 낮은 숲을 찢는다.
마른 봄에 밀봉했던 편지를 뜯으며
아직 개봉하지 못한 작은 약병을 응시한다.
잘못 들어가 박제가 된 거미가 사는 시집들.

천 개의 관을 방 사방에 쌓아놓고
영혼의 건강을 꿈꾸었다.
제길, 흰 꿈에 뼈를 갉아 은모래만 뿌려댔다.
비는 무섭게 와서 찰나처럼 제 습지의 길로 달아났다.
흐린 액정 아래 오늘의 날짜와 날씨를 확인하며,
선생에서 시인으로 환幻하는
환煥,
새로 경멸의 첫 매미가 운다.
장마는 이제 끝났나보다.

목 치는 저녁

사흘의 폭염 끝,
날쌘 숫돌에 가위를 갈아 뒤뜰
라일락 가지를 친다.
흐려가는 저녁 하늘 아래
왼손 마디보다 굵은 놈만 골라
분기分岐된 지점에서 싹 뚝,
푸르고 무성한 잎은 상관하지 않는다.
이제 여름도 끝났다.
서너 개 자르고
흰 수건으로 서늘한 목덜미를 닦는다.
묻어나는 이 꾀죄죄한 때.
어제의 나는
오전 열 한 시에서 오후 두시까지
텁텁한 고량주 한 잔의 시인이었고
해질 무렵까지는 글쓰기 선생, 곧바로
왕십리 모교 장례식장 구석자리,
엉거주춤 끝없는 악수 속에
누구의 후배고 제자고 평론가이며 술꾼이었다.

그렇게 어제는 세 개의 가면으로 지나갔다.
향기 없이 잎만 무성했다.
처서處暑 지난 저녁,
불같은 갈증을 다독이며
뒤뜰 라일락 성성한 줄기를 자른다.
감겨드는 내 목 대신
저 푸르고 싱싱한 목숨을 거둔다.

쉰, 반편半偏의 추억

고향에 갔다.
할인도 안 되는 카드로 버스만 세 번,
아침에 날아든 문예지 몇 군데 깃을 접으며,
꼬박 두 시간.
어쩔 수 없이 태어나고 자란 동네에 갔다.
-경기도 광주군 신장면 풍납리에서
서울특별시 송파구 풍납동으로 끝나버린
서른다섯 해.
햇빛엔 말라죽을 것만 같았던 땅강아지,
그 검붉은 비늘들은 다 어디로 갔을까?
헌 외투에 빳빳한 교통카드, 잘 접은
만 원짜리 한 장을 넣고 흔들리며 졸며,
마른 침 고이는 악몽처럼 고향에 갔다.
해질녘마다 절반은 배가 고팠고,
나머지는 인정認定에 목말랐던 땅강아지가,
잠실역에서 버스를 탔다.
큰물 한 번 들고 나면 어미가 죽고
삼년 가물면 애비가 죽었던 모래 반 진흙 반,

몇 켤레의 신발이 이 길 밑에 묻혀있을까?
버스 흐린 창에 스쳐가는 풍경,
위풍당당 종합병원으로 재개발 된 유년과 더불어
천호사거리 백화점 십 이층 비싼 소주를 마셨다.
-'나는 고향을 생성生成하지 못했다.'
시로나 생으로나, 그저 미안하다.
바람과 비와 넘치던 강물과 뱀풀과 등 뒤 지천이었던
코스모스와 무심하게 밟았던 개구리들아!
열없이 지는 해를 좇아 고향을 빠져나왔다.

튤립과 더불어

언제,
그 무슨
기쁨이 있었던가?
연분홍 포장지에 싸인 튤립 몇 송이
창밖 화분에 꽂혀 있다.
한파寒波가 지나간 오후, 아무리
더운 국물로 쓰리고 아린 속을 달랠지라도
나는 알고 있다.
지난 밤 추위 속에서 내 세포가 어떻게 죽어갔는지,
한 밤 내 듣지 못했던 튤립의 비명,
사방 비수처럼 뻗어온 얼음줄기에 찔리며
끝내 얼어버린 저 꽃이 놓지 못한 것은
외형外形의 색色이었나,
환한 질감質感이었나.
어쩌면 한 손이 다른 손에 건넨 온기溫氣였던가?
더 단단해진 형태로 한기 다 풀린 오후,
빈 화분에 덩그마니 피어 난 저것은
꽃인지, 햇살인지

그 무슨, 희미한 슬픔에 서늘해져
가만히 노랗게 바랜 옛 책을 펼친다.
흐르는 강물 위 여러 겹 밑금 친 달이 뜬다.
한 번도 보지 못한, 달 얼굴에
언제,
그 무슨
기쁨이 있었던가?
나는 알고 있다.
튤립과 달 사이 내 기억이 어떻게 왜곡됐는지.

짐작의 우주宇宙

여름밤 하루살이는
제 새끼의 날개 짓 소리를 듣지 못한다.
그때의 별빛 한없이 쏟아지는 지금의 창가.

줄기 끝마다 한창인 고추 흰 꽃들이
붉은 고추를 보지 못하듯,
냇가 맑은 조약돌마저 제 모래 위에
한나절 해바라기 할 수 없듯이,
나는 언제나 그대 뒤를 보지 못한다.

여기와 저기,
그때와 지금,
우주宇宙는 온통 사건들로 메워지지만
재빠른 그대 칼날은 내 옆구리를 비껴가고
내 언어의 그물은 바람의 뒤축만 포획捕獲할 뿐

여름밤 청개구리들은
제 새끼들의 연못으로 다시 돌아오지 못한다.

지금 절정의 별빛 그때의 보석이 아니듯이.

나는 그대의 그림자에 뒤엉키고
발목이 시려
또 하나의 사건으로 절름댔을 뿐,
그대는 항상 내 배면背面을 보지 못한다.

전사轉寫

절벽 하나 치솟았다.
가을 폭우에 홀려 깨어난 새벽,
검은 모니터 한 가운데 붙어있는
노란 포스트 잇,
사선으로 흘러내린 붉은 X표 네 개.
힘주어 끝낸 마지막 획에는
굵직한 선혈마저 선명하다.

손목 안쪽에 돋은 소름 하나,
하지 말아야 할 말들, 메마른 입술을
가만히 대 출렁이는 숨결로 빨아본다.
절벽 하나가 다시 치솟는다.
소름은 종기로 자라 희고 가는 손목이 꺾인다.
흔적을 되짚어 각혈의 밤을 완성하는 새벽.
오전 내 지리멸렬할 언어가 가지런하다.

네 개의 붉은 상징 속에 파묻히고 싶다.
생을 기입할 수 없는 이 단단한 표면,

error, 당신은 미로에 tag 되었습니다.
서울시 강동구 성내동 초등학교 4학년 6반,
가난한 내 도시락을 열자,
엉 썰린 김치와 또 김치와 또 우거지 뿐 이었던,
토막 난 혓바닥과 우주와 존재를 씹으며,

몸이 아닌 어디에 추억을 기입할 것인가?
손목 안쪽에 부풀은 종기 하나,
강의 내내 판서板書를 괴롭힌다.
다시 치솟는 절벽,
굵은 피로도 건널 수 없는 나 아닌 것들의 세상.

멱라우풍溟羅遇風

연 이틀 시든 몸에 술을 붓느라
돌보지 못한 고추 몇 대가
새벽 찬물 한 바가지에
초롱초롱 흰 꽃을 세워 올렸다.
푸른 잎 몇 장도 소슬바람을 따라서
실랑인다. 삶은 가끔
이렇게 미진微震한다. 미련한 정신이
오롯이 그 떨림을 껴안지 못할 뿐.
새벽에 비운 마지막 술잔 속에
날파리 한 마리 빠져있다.
아니, 내가 넘기지 못한 한 모금이
놈에게는 멱라溟羅*일지도 모른다.
그러므로 날파리는 이 시월의 비감한
서정시인이 되고, 애꿎게 잔을 들었다
놓았다 망설이는 나는
아침과 저녁 사이에 끼인 날파리가 된다.
그럼 점심 무렵은 어느 지붕 아래
누구의 고추밭을 윙윙 맴돌 것인가.

찬물 한 바가지가 절실한
가을 아침의 시든 몸 하나,
오전 햇볕에 기대 가늘게 무너지고 있다.

* 멱라 : 굴원屈原이 몸을 던진 강.

아득한 전언傳言 · 가을

—하신정 시인께

먼데서 편지가 왔다.
하현달에 비춰보는 자줏빛 소인은
사분의 일쯤 귀가 지워져있다.
힘껏 쥐었던 칼을 내려놓고
슬며시 유리 덧문을 닫는다.
무성한 유칼립투스 환한 그늘 아래
나무늘보처럼 매달려 계시라. 거기
남태평양 해풍에 자꾸 말리는 혀를 적시며
말도 하지 마시라, 눈짓 몸짓도
천연덕스레 고개 돌리지도 마시라.
하루 반나절 꼬박 씹고 삼키고 하품하며
타인의 시간처럼 살아계시라.
반대로 기운 달빛 아래서만 목을 놓으시라.
(은빛 모국어는 광속으로 날아 여기 펼쳐지리라)
복숭아뼈 밑 종기에 열이 오르고
생의 사분의 일, 90도에 갇힌 회전의자 위에서
두 눈을 조이고 코를 틀어막고 제 목을 조른다.
안개 틈으로 연 이틀 칼바람만 돌진하는

습지변 낮은 창가.

소인이 번진 편지가 늦게 도착했다.

우수수 끝물을 떨쳐내는 감나무 그늘에 서성이다

부장품으로 보낼 시집 한 권을 꺼내며

하-아, 순간 밝아지는

야윈 내 턱선을 따라 미끄러진다.

아주 먼데로 보낼 편지 한 통을 쓴다.

짧은 영원

오후 세 시에 출발한 기차
플랫폼 그늘 아래서 멈칫댄다.
가만히 떨던 아래가지
감잎이 떨어지고,
나는 지구의 자전축을 바꾼다.
당신은 이제 헌 비닐가방을 열고 두 켤레
양말과 속옷 한 벌을 꺼낸다.
목성에서 위성 하나가 궤도를 잃고 먼 우주로
방사放射된다. 막 꺼내든
당신의 운동화 뒤축에
검은 재로 묻어있는 별들의 흔적,
당신의 발자국을 기억하는 지구는 이제 없다.
오후 언젠가 그늘자락이 반쯤 걷혔을 때
기차는 출발하고,
당신은 빈 몸으로 바닥이 뚫린 욕조에 눕는다.
누워 떠도는 영혼들 근처에 머무는 구름,
저 멀리, 영원히 버려진 위성에 실려
나는 외친다. 꺼져가는 지구를 향해,

—살아 있나요?

오후 세 시 도착예정인 기차는 아직 출발하지 않았다.

티눈과 나

너의 미덕은 나를 절름대게 하는 것.
몇 시간의 지친 술자리와 온갖
개수작을 동원한 교설巧說 없이,
그저, 너는 평범한 내 걸음걸이를
계속 절름대게 한다는 것.
그로 인해 직립자세를 불편하게 하고
시각을 삐딱하게 하고, 아무리
입을 오므려도 발음이 새게 한다는 것.
반나절을 서 있지 못하게 한다는 것.
그러므로 티눈이여,
네가 내 머리다.
발바닥에 뇌를 달고, 땅을 딛고 산다.
지표면에 속한 영혼은 추락을 모른다.
고귀한 이상에 유혹당하지 않는
내 속됨은 모두 너의 미덕.
배고픈 저녁이면,
왼발의 티눈 두 개 어루만지며,
뒤통수를 가만히 쓰다듬으며,

잘했다, 짓밟히는 것들만 목도目睹 했으니
기특하게, 무식하게
벼랑 끝에 좀 더 다가섰구나.
흙 묻은 모자를 벗고,
길게 몸을 뻗는다.

아득한 전언傳言 · 겨울

부엌까지 시린 안개가 스민 저녁마다
돌처럼 언 감자를 구우며
여린 목덜미를 감아쥐고, 속삭였다
--엄마는 곧 오실꺼야!
시뻘건 아궁이가 우리 앞에서 날름댔지만
흙집 천정에서 내려 선 흑거미를 잡아
노릇하게 구워, 네 입에 넣어주며
입 안 가득 침이 고이던
밤, 세상은 온통 눈발이었고,
부엌 밖은 주인집 아줌마 매서운 눈초리,
나는 가느란 모계의 서러운 짐승.
언 땅에 시를 쓰고 재빨리 뭉개버렸다.
세 밑 저녁, 교회 종이 울릴 때마다
고무신이 찢어져라 달려가 받아 든 과자 몇
조각, 그렇게 세상은 조각나 있었다.
동경 하늘에도 성긴 눈발 서성이는가?
그깟 퍼즐 다 맞췄다고 생각했을 때,
너는 이국의 잿빛 전망 앞에서 박사가 되었고

나는 이 조촐하고 쓸쓸한 땅의 시인이 되어버렸다.
누이야!
발목을 차올라 무릎을 휘젓고
시린 안개는 어깨를 마구 비튼다.
그러나
우리의 아궁이는 더 크고, 더 활활 타올라야 하는 것.
안산 작은 방에 뒹굴며 식어가는 우주를 껴안고
여기, 그냥 오빠가 살아있다.
살아있음으로 이 우주를 이해한다.

AC/AI

—안산 갈대습지공원에서

사람은 가고
갈대 숲 끝자락 물새 한 마리 앉았다
푹 고개가 꺾였다.

큰 길 건너, 높다란 신호등 근처 탐조경探鳥鏡 속
사람은 가고, 물새는 죽고
하늘은 비고, 갈대는 숨죽여 서 있다.

자기를 비난하라,
불우不遇한 시대를 만나 양껏 먹지도
흥興겨워 춤추지도, 떼거리 위세威勢조차 없었던
구만리 먼 길의 추억,
진흙아래 내려놓으라.
비틀어져 버린 생명의 마지막 한 획을 그으시라.

하염없이 추운 날에도
서쪽 습지에 번지는 석양, 아직 못 다한
말들의 끝없는 쉼표들 다 가라앉고

좁은 물길 따라 흐르는 간곡한 전언傳言

자기를 비난하라,
시대의 불우不遇를 밑천 삼아 양껏 먹고 마시고,
서른 날 하염없이 흥興으로 떠밀리고
온갖 허명虛名에 무리를 지었으니
백 년 인생길에 이제는
제 구두바닥 보다 낮은 곳에 누워보시라.

기웃대던 사람은 가고
망설이던 물새는 끝내, 갈대 숲 끝에 앉았다.
물새 머리가 푹 꺾였을 때,
등짝뿐인 사람의 고개도 떨어졌다.

자기를 비난하라,
싸구려 탐조경探鳥鏡 속 세상.

사생결단死生決斷

가치假齒 아래 이에 걸린 코다리 가시 하나가
사흘이 지나도 빠지지 않는다.
첫 날은 존경했던 선생님을 뵈어 왼손으로 계속 입을 가린 채
뜻 모를 미소만 지었다. 기억에 남는 건, 처음 본 여류 시인의
흰 목과 연자주 스카프가 너무 미학적이었다는 것.
다음 날은 무례하게 쳐들어 온 제자 둘, 여학생 하나
조류인플루엔자로 폐쇄된 갈대습지 공원에 숨어들어 막
소주를 마셨다는 것, 녀석들 빛난 눈빛이
안드로메다를 지나 저기 영원으로 가는 게 보였다.
빠지지 않는 가시를 혀로 달래며
곧 생매장될 습지의 물새들만 바라보았다.
천지불인天地不仁, 네 존재의 통증은 내 왼발의 티눈보다
무겁지 않다. 그건 시간이 풀어줄 매듭,
내 발의 티눈은 시간이 지날수록 자라 정신을 기울게 한다.
나는 병자病者다,
병들었다 믿게 한다,
믿으려 한다고 믿게 만든다,

이 지랄이, 한 생을 건너가게 하리라 믿게 만든다.
술 덜 깬 아침, 이 만 원 받아들고 새사랑 치과에 갔다.
가시 좀 빼 주세요,
진료실 벽에 붙은 그의 영문 디플로마를 애써 해석하고 있는데,
앳된 의사는 계면쩍은 웃음으로 말한다.
아무 것도 없는데요,
이층 새사랑 치과 계단을 내려서며
옛사랑은 천궁天宮에 가기 전 밤, 늙은 소 눈망울 같은 것.
늙은 아비가 주는 뜨신 마지막 여물 같은 것
아닐까, 가만히 뜨거워지는 혀로 가치 사이 가시를 더듬다가
오후, 두 시 천국으로 전화하는 걸 까먹었다.
쌀 떨어져 가는데……
까마득히 언덕 몇 개가 스러지고,
울며불며 건넜던 강줄기 몇 목으로 휘감겨 온다.

| 제3부 |

박무薄霧의 저녁

옷장 정리

술로 열린 감각이 환각幻覺이라면, 담배 한 모금에 끌려 올라오는 열기
는 뭐라, 아 연각燃覺인가, 빼꾸기 열 번도 넘게 울고 간 아침에 깨어나면
봄인지 겨울인지 햇살이야 마냥 하냥대고 알림이 없는 아침에는 알고 싶은
것만 많아진다 말레이기 수색은 어찌 됐나, 또 우크라이나 전쟁은 언제 터질까,
그럼 독소전쟁이 재현되고, 한국전쟁까지 짜잔 뒷산 방공호 시멘트 작업을
서둘러야 한다. 요즘 어느 골목에서 재건축을 하더라, 세멘 한 포대 슬쩍해
야 하는데, 무수한 걱정이 담배를 부르고 공복의 연초향은 구역질을 부르고
구역질은 눈물을 짜내고 억지로 흘러나온 눈물은 세상을 아롱지게 한다. 하,
이 맛에 산다, 면, 하, 그나저나 옷장정리는 언제 하나, 너무 바쁜 봄.

박무薄霧의 저녁

—안산비가安山悲歌

죄스러워라,
—목숨.
먼 데, 한 해역에서 불타는 돌이 날아와
애써 차린 더운 밥상이 엎어지고
아이들은 뜨거운 돌조각을 삼켜
불타는 발꿈치로 날아간다.
격렬비열도 같은 몇 개의 섬, 혹은
하얗게 떠오른 설국 몇을
제 날개에 싣고,
아이들은 뜨겁게 울며 날아간다.
죄스런 목숨만 서넛 남아,
엎어진 밥상 흩어진 밥알을 주워 삼키며
누군가는 이마에 정통으로 맞는 돌을 사랑했다고,
그렇게 믿을 수밖에 없었다고 웃는다.
풀죽은 나물 헤쳐 왼손 가득 밥알 모으던 누군가는
대문 앞 가득 쌓아올린 돌을 믿었다고,
그렇게 살 수밖에 없었다고 웃는다.
몇 개 밥알 무게도 견디지 못해 엎드려 기면서도

어른이란 이름으로 차갑게 웃는다.
결국 그렇게 되리라,
불타는 돌이 아니라 차갑게 식은 밥을 먹은 목숨은
언 땅 깊숙이 파고들어가 수 만년 빙하기를 꿈꾸리라.
겨우 더듬어 붙잡은 방문 손잡이
슬며시 비트는 순간,
잘 마른 나뭇가지 하나,
우지직 세상을 꺾는다.

남은 반 칸을 허물다

깊이 없는 사랑을 얼마나 오래 들여다보았던가?

한밤에도 환한 골목이 낯설다.
자꾸 늘어나는 불 켜진 창들, 눈도 마주치기 전에 도망가는
어린 고양이들, 시동을 끄지 않은 손수레와 빠-직, 낮게
깔리는 각角 허무는 소리, 익숙한 수채 구멍이 죄다
판자로 막혀버린 한밤,
길 한가운데 앉아 시를 읊는다.

'墮河而死, 當奈公何!'*

무릎도 채우지 못하는 강 한줄기 건너기 위해
혓바닥만으로 새벽과 저녁을 다 게워야했던가?

삼십년 오른쪽으로 기운 내 그림자는 책가방 때문이 아니다.
언제나 흐리거나 안개가 서린 나의 왼쪽엔
예세닌과 파베세, 혹은 씹기만 한 담배가 매달려 있었을 뿐.
두렵게 마신 술은 환한 골목 초입부터

가슴 불길을 따라 치고 올라와
목젖에 몇 차례 화인火印을 찍는다.

깊이 없는 사랑에 얼마나 많은 돌을 던졌던가?

목줄이 끊긴 수캐가 낮은 담장에서 쏘아보는 한밤,
너에게 혁명을 가르칠 수 있다면,
기꺼이 내來 생의 나는 개밥이 되리라, 아니
개밥의 도토리가 되어 주리라, 연신 성호를 긋는 잠시
불 켜진 창에서 터져 나오는 앳된 웃음 한 가락.
슬그머니 왼쪽에 달려있던 귀신 몇을 풀어준다.

이제 배우는 저 어둠 발목마다 꽃이 피는 소리,
환한 골목의 낯선 세계.

* 공무도하가公無渡河歌의 3행과 4행.

해연咳埏*

늦은 점심을 먹는다.
반주 없이,
성긴 은행나무 길 건너
처마가 있는 국밥집 방에 올라 앉아
담배 대신 젓가락 물고 국물을 기다리는
잠시,

작은 창 안에선
보드랍고 뭉클한 흰 반죽 덩이가
손 뼘만 한 틀을 지나 치렁치렁한 머리칼처럼 쏟아지고
언제 기름을 쳤는지 번지르르한 윤기, 미끄러지는
이유를 알 수 없는 아우성, 조금 더
변방으로 몰려가는 오후.
큰 창 밖에 줄지어 지나가는 노란 병아리들
뽀얀 낯과 아장아장 걸음까지 환히 보이는데, 뭐라
웃는지, 다투는지, 사랑하는지 바짝 귀를 열어도
아무 소리도 들리지 않는,
반주도 없는 늦은 점심.

뜨거운 국물 한 수저 뜨는데
입천장이 놀라 번쩍 눈이 뜨인 것 같은데
지난 계절의 은행잎이 만만萬萬하게 떨어지는데

별의 내부로 항해하려는 자는
결코, 자기 질량을 가져서는 안 된다,
최소한 제 슬픔의 원소를 의식해서도 안 된다.
별이 되려는 항해자를 위한 안내서 제 1장.

바닥에 남은 머리고기 한 점,
끝내 집어 들지 못하고
기어이 주인아주머니를 부르고 만다.
점점 해가 길어지는 오늘,
또 늘어지는 늦은 점심.

* 해연咳埏 : 땅의 끝 가장자리.

그리움 찾아

—어니언스 풍風으로

검은 물이끼, 갈대에 부딪치며
좁은 습지를 떠도는
끈 없는 검정 구두 한 짝,
목에 걸린 깃털 하나, 흰 똥 묻은 앞코가
석양에 반짝인다. 죽어라,
붉게 반짝인다.
—나 찾아 갈래,
그리움 찾아 갈래.

썩은 이 겨우 오므려, 그대 고운
머리칼 따라 휘파람 불면
둑길 장미 끝에 걸린 라면 봉지 하나,
글씨는 지워지고 색만 남아
춤춘다, 이리저리 속 뒤집으며
제 배를 찢는다.
죽죽 찢어지며
—나 찾아 갈래,
그리움 찾아 갈래.

〉

먼 데서 호루라기 울리고,
작은 새 몇 마리 길 없이 떠오르면
수십 톤 쓰레기 쏟아지는
매립장 앞 좁은 습지,
그리움 찾아 나, 갈래.
발끝으로 찬 빈 병 휘둥그레 꺼져가는
저 저녁에 안기고 싶어.
끝난 끝처럼 저물고 싶어.
나 찾아 갈래,

꽃잎 한 장 물 위에 띄우고,
검지로 찍어 맛보는 바람의 숙성도熟成度.
알 수 없는 두려움에 헛바퀴를 돌리네.
오늘은 석양빛 안개의 날.

가지에 물주고 나서

낮은 담벼락,
가지런한 벽돌과 벽돌이 잘 맞닿은 사이
오래된 상처 하나 눈에 들어온다.
그 위에 앉아 두 시간씩, 세 시간씩
시가 써지지 않아 머리털 쥐어뜯는 나를
검은 물결처럼 왔다갔다 지켜보던 암고양이,
년에게 집어던진 볼펜이 그대로 날아가 꽂혔던,
소싯적 검도 삼년 한 내공에 놀라자빠질 뻔 했던 그 자리,
언제 기어 올라갔을까?
톳나물 잎 하나 쏟아지는 바람을 따라 목을 늘여 빼고 있다.
오늘이여, 나는 사랑받을 가치가 있을까?
검은 양복위로 한 없이 목을 잡아 빼도 당당해지지 않는,
상록수역을 지나 오이도 까지 그냥 갔다가
버스를 타고 되돌아 온 집 앞 공터
스산하게 꽃 피운 노란 상처들.
얼마나 더 닳고 바라야 저 노란 상처는
육탈肉脫할까,

심탈心脫할까?

한 뼘 자란 가지 밭에 물 한 바가지 퍼주고,
라일락 잎맥을 읽으며 담배 한 개비 태우는 사이,
아이들의 외마디는 먼 우주를 날아가
아침, 이글이글 타오르는 만 개의 태양, 백만 개 달이 된다.
기어이 낮은 담벼락 사이 톳나물 입술을 살짝 건들고
돌아선다. 제 푸른 잎맥 하나로 오른 담벼락을,
벼락 맞을 세상을 왜,
너희들은 살아 떠오르지 못했을까?
오늘이여, 개처럼 먹은 밥을 모두 게워버리고 싶은,
돌이나 매달고 한 천 년, 무진장 가라앉고 싶은.

난경파독難境破毒

저녁은 멀고
비가 내릴 것 같아
거리로 나갔다.
팔 하나 잘라 던지려고, 묻어버리려고, 어디쯤
녹슨 입간판 위 올려놓으려고,
아무데나 높이 걸어놓으려고,
비는 여전히 멀고
저녁이 올 것 같아
함부로 나선 거리를 쏘다녔다.

울어라, 새여 비 올 것 같은 저녁이 좋으니

왼쪽의 비는
잡을 수 없어, 눈으로 세는 빗방울 속
눈이 뒤집히고
수만의 모기떼 날 듯 허공으로 흩어지는 나의 왼쪽.
언제나 시계반대 방향으로 도는
나팔꽃, 왼쪽은

비마저 비껴간 허공, 죽어라 없는 팔을
휘저으며, 함부로 나선 거리의 글을 읽는다.
비문秘文에 갇힌 새 몇 마리를 본다.

하루의 저녁은 언제나
저녁이 아니다. 이제 시작된 비가 기억 속에서마저
영원한 비가 아니듯, 잘린 왼팔은
결핍보다 부재에 가까웠던 것.
오른손 글쟁이는 왼팔의 허기를 읽지 못한다.
갇힌 새의 비 오는 저녁 희미한 석양빛에 끝내
다리 절거나 혀가 말리지 않는다.

울지 마라, 새야 비는 그치고 저녁은 곧 기울어 좋으니

한담閑談

어제 저녁 비,
아침 고추 텃밭에 함박웃음이 그렁그렁,
부러 손가락 짚으며 수를 세는데
크르렁, 크르렁 코고는 소리,
발밑에 움찔거린다.
비 맞느라 그리 고단했나,
하얀 함박웃음 닫힐 줄 모른다.
뇌 안에 지구가 돌아가는 소리,
아침에서 저녁으로
쏜살같이 제 길 가는
소리. 꽃피울지도 아롱져 내릴지도 모르면서
수십억 억울한 목숨 껴안고 제 혼자 미쳐 도는 소리.
쉬익-쾅, 쉬익-쾅
이스라엘 어디선가 아이들 죽어가는 소리.
쇠못은 날아와 겨우 그림자 발등에 떨어진다.
텃밭이랑을 한참 오르던 개미 몇,
서늘한 미소로 돌아본다.
어느새 지은 죄 없이 등골이 시린 나,

괜한 물 조롱 들고 일어서는데
하, 하, 하,
크르렁, 크르렁,
킬, 킬, 킬……
인류란 죄명罪名으로 살아가는 오늘,
내 배후는 언제나 두렵다.

추상秋想 이미지

구월,
비 오는 아침,
헌신 구겨 신고 뒤뜰로 나간다.
자꾸 우는 처마 아래
서성이며 비를 긋다가
두 손 모아 작은 종지그릇을 만든다.
손바닥 가득 빗물이 고이고
여린 햇살에 무언가 어른댄다.
나였다가,
제 머리보다 큰 모자를 쓴 동생이었다가
순한 눈망울이 하나,
번개 치듯 쫙, 나를 쪼개고 사라진다.
서러운 건,
아무래도 그런 것은
이 많은 말들에 휩싸였어도 정작, 당신에게
단 한 마디도 건네지 못했음이다.
목을 넘기지 못한 이 말이 '당신 없는
나를 살아가게 한다.'고 쓰면

여전히 허한 웃음으로 한 이랑쯤 떨어져 앉은
당신,
—구월 비만 짓 궂은 아침,
황송히 빗물 받쳐 든 두 손을 털고
돌아선다, 아니다,
영원히 못 박힌 한 방향만 바라본다.
삶이 왔듯이 조용히 빠져나갈 그 곳.

애련哀戀

—땡캣*을 위하여

나는 보았다.
우리 은하 건너 검은 한 가운데
죽어가는 별의 눈동자,
한 자락 신음으로 마지막 인사를 건네고
새끼의 썩은 몸통에 앞발을 올려
그렇게 처음처럼 마지막을 건너가는
뒤뜰 고양이의 다 풀려버린 눈동자.
흙먼지뿐인 성지순례를 끝낸 듯
식은땀은 목덜미에서 꽁지 뼈까지 흐르고
나는 보았다. 결국,
한 우주가 이승의 끈끈한 막을 휘감고
침묵으로 암전暗轉하는
슬픈 경이.
라일락 가지마다 새잎이 돋는데
몹시도 추웠던 날, 내가 처박은 돌멩이는
땅속 먼 길을 향해,
무어라, 무어라,
딱딱한 목을 놓는데

우리 은하를 건너면
제 얼굴 만 한 눈동자를 서글피 굴리며
자꾸, 자꾸 손등을 핥는 어린 고양이들의 우주,
나는 보았다.
해장라면을 끓이며
나는 세계의 어떤 면을 살고 있는가?
속을 뒤집은 기억이 불 위에 희미하게 타고 있다.
애련哀憐의 끝,
그리고 성큼 봄이 왔다.

* 땡캣(땡깡 부리는 고양이)은 누군가 버리고 간 어린 고양이였다. 내가 담배 사러 나간 사이 열린 문으로 들어와 함부로 벗어놓은 구두 속에 잠들어있었다. 매일 담배 한 갑을 줄이고, 참치 캔을 사와 반씩 나눠 먹였다. 눈 내리면 제 발자국과 싸우던 녀석과 두 해를 보냈는데, 지난 가을 새끼 여섯 마리를 모두 잃더니 뒤뜰에서 조용히 숨을 거뒀다. 온갖 짓을 다해 살리고 싶지 않았다. 내생에 녀석들은 천사가 될 것이다. 이미 하늘을 날아다니고 있을지 모를 일이다.

난경파독難境破毒 · 3

—어떤 부고를 받고

돌아갈 집이 없으니 내 꿈은 영원히
팽창하는 우주에 담겨
푸르게 떨며 파리하게 빛나는 목숨,
허공을 건너간 먼지에 휩싸인 거미줄,
바람이 불지 않아도
흔들리며, 흔들리며 집 대신 길을 찾는데
그렇구나, 새벽을
견디는 밝은 눈, 투명한 시력으로도 찾을 수 있는
길은 없고, 절벽 건너 절벽, 절로
발목에 힘을 주고
허리를 곧추 세워야 할 뿐.
길게 떠돌 길마저 찾지 못했으니 내 꿈의 끝자락
영원히 응결하는 처마 끝 물방울로 맺혀
인드라, 인덕아! 나의 벗이여,
잠깐 날아가는 박새 밤톨만한 얼굴을 비추고
담벼락 끝 돌아앉은 어린 고양이 까만 털빛을 물들이다
이제 그만, 그렇구나, 무릎을 치며
일어서면 그 뿐.

〉

시상을 끊는 전화벨,

멀쩡한 음성으로 이윤학이 읊조린다.

“인덕아, 남철이 형이 죽었다!”

“혹시, 잠적했는데 와전된 거 아니야!”

“아냐, 작가회의에서 문자가 왔어”

……

격렬했던 별 하나 더 집어삼켰으니,

오늘 허무의 블랙홀은 또 얼마나 강력해질 것인가?

집 타령, 길타령을 슬그머니 내려놓는다.

동지冬至 무렵

굽은 손가락은 하늘을 찌르지 못한다.
진부 지나 타이어가 터져
가까스로 도착한 시골 카센터,
뜨신 오줌 한 줄기 뿜으려 뒷담 돌아가니
손 뼘 만 한 햇살 아래
웬 노파 호미질 삼매경에 바쁘다.
억지로 세워봐야 내 가슴께나 닿을까,
쪼그려 들썩대는 폼이 영락없이
바다장수거북이다.
장수하시리라,
저 자세가 자식 일고여덟 공부시켜 시집, 장가보낸
인류 최고수의 발도술發刀術이다.
나 같은 시인 무지렁이는 예를 다해 물러서야 할 터,
엉거주춤 내리다 만 바지 지퍼를 올리며
폭설 뒤 빈 하늘을 올려다본다.
굽은 손가락은 결코 하늘을 찌르지 않는다.

삼척이 이리도 멀었나?

삼도천三途川 건너 듯 힘에 부치다.
이 저녁 술 맛은 영 글렀다.

시인 천장天仗

이월의 부슬비,
아침 비린 향기의 칼날을 비껴
바람의 반대쪽으로 세운 얼굴,
뿌리가 키만큼 자라있는 포르말린 속의 구근.
배경의 붉은 책은 자본론인가, 아닌가?
정신이라도 떠밀리지 말자,
연신 피워 문 담배는
허언의 구린 입김을 되 펴 올리고
손톱 발톱이 시퍼런 못이 되었도다.
그것으로 현생 지옥의 불꽃을 다시 일으켜
들끓는 병의 중심에 닿는다.
힘찬 기만이 한치 앞 빗줄기도 뚫지 못하는데

시인이란
꽃을 접어 화폐 뒷면에서 꺼내는
잿빛 마술사.
더하지도 않고 뺄 수 있으며,
상실의 바다에서만 팽팽하게 돛을 불린다.

그의 항구는 지진과 폭발, 해일 속에서도 안전하다.
아주 작거나 아예 없었던 탓이라지만?
어쩌면 그 모든 것이 과거이기 때문일 것이다.

차가운 부슬비의 아침.
이월移越 하지 못한 예언을 전자담벼락에 코딩하며
포르말린 속 구근을 건드려
너도바람꽃 해라 이름 지어주고
허락許諾한 자객이 억센 날개 뼈를 모조리 분지르는
아침. 끝까지 추락하지 않는 천사들이
타락의 비상을 시작한다.
지상의 모든 길들이 온전히 비워질 때까지,
그럼, 안녕히.
한 밤에 깨어 슬그머니 '좋아요' 수를 세리라.

변태變態—나는 사는 게 두렵다

귀 잡혀 끌려간 초등학교 입학식,
처음 본 만국기는 죽어라 펄럭였는데
울지도 못하고 누런 콧물만 빨아 먹다 연이틀
배앓이로 학교에 가지 못했다.
행복하고 달콤하게 빈둥거렸다.

발목이 다 드러나는 물려받은 교복을 입고
삼천 원 용돈에 팔려 혼자 찾아간 강변 중학교,
옆줄에 선 여자애들 등짝 줄무늬가
너무 희고 고와서 힐끔대다가
끝내 무섭고 불안하고 절망스러웠다.

목발 짚고 택시에서 내리니 멀더라, 체육관
계단에 주저앉아 스피커 소리 따라
푸른 베레모를 쓰고
교련복 명찰을 쓰다듬었지만,
영, 나랑 어울리지 않는 시공에 내동댕이쳐졌다.
〉

나는 사는 게 두려웠다.

저녁을 먹고 아버지의 훈시가 끝나면 성경을 읽었다. 난 잠언을 특히 좋아했지만, 가끔 사도행전을 암송했다. 거룩한 저녁이 저물고, 밤늦어 키에르케고르를 읽었다. 카라멜처럼 녹아드는 밤, 영어사전과 한자자전을 양 옆에 펼쳐놓고, 정작 알 수 없는 암호로 미래를 타전했다. '바람은 벽에 닿기도 전 제 원소로 분열한다.' 생은 멀리 있었고 몸은 아팠다. 몸은 밀착돼 있었고, 기억은 몸을 버리고 있었다. 내가 먹은 약들은 몸이 아니라 기억의 저장고에 쌓이고, 몸이 살아나며 병은 깊어갔다. 병듦이 삶이라 생각했지만 얼마나 오래 갈지는 몰랐다.

내 죄罪는 어디에 있는가?
할 수 없이 출석을 다 부르고 나면,
압화壓花 전시장으로 변하는 시간.
긴 더듬이를 만들 걸,
다시 목이 메고 최초의 말더듬이로 자꾸, 자꾸 변태하는 생.

연사連死

담장 그늘 속에 앉아 책을 읽는다.
"너희 아버지는 죽었니?"
목젖이 타고, 혀가 마른다.
가벼운 실잠자리 한 마리, 구부리지 못한
가운데 손가락을 맴돈다.
쏟아지는 오후의 햇빛, 저만치 심심했던 아이가
깨버린 거울 속. 드문드문 이가 빠진 칼이 솟는다.
머리를 빗어주다가 슬쩍 귓불을 당기다가
뜨거운 말씀이 손잡이부터 박힌다.
세상을 겨눈 저 성성한 분노,
칼끝을 반짝이며 학교를 다니고, 다방에 기어들었다.
책장보다 가볍게 노란 꽃잎들이 떨었다.
지진처럼 저 허공을 건너 그늘의 나를
뒤집어엎고, 이리저리 내동댕이쳤다.
모서리를 피해 작은 대가리를 그늘 사방에 문지르고
피 터진 길들에 흔적으로 남은 청춘.
—죽지도 않는 아버지,
검은 태양이 오늘의 공책을 불태울 때,

사라진 새끼손가락은 무어라, 무어라 허공에 자꾸
약속을 걸었는데,
아무래도 삶은 멀리 있나 보다.
빈 술병에 입술을 대고 휘, 불어본다.
"죽지 않으면 아버지가 아니다"
그렇게 뜨거운 속은 식어갈 테지.

청자 물고 은하수를 건너간 낮 두꺼비

어김없이 5월이면,
스승의 날과 개교기념일 사이, 흙바람이 잦아들고
개 나라의 개나리 다 져버린 그 무렵이면
슬금슬금 사라진 시화전 액자들이 상록분식 판자벽에 떡하니
걸렸다. 빨간 매직으로 큼직하게 써넣은 소주 3, 두부김치 1, 라면,
장모님은 끝내 라면 위에 X를 그어 넣으셨다.
애면글면, 혹은 그 중 하나가 당당당, 대학교수가 되어 겨우
초등학교에 입학한 외동이 배필이 될지도 모른다고,
혹, 정말, 밤마다
고이 정한수를 모셨을지 모를 일이다.
머리통 두 배만한 수박을 사들고 찾아 간 그해 5월은,
학부였는지, 대학원이었는지 기억도 가물가물하지만
이제 막 꽃물이 터졌다는 외동이는 탁자 주위를 떠나지 않고,
사근초등학교 글짓기 숙제를 봐주며, 슬쩍 이름을 외웠다.

순이, 외우고 자시고 할 것도 없는 옥순이, 순-이!
창이 서쪽이면 저녁마다 유서를 써야한다는 것도 배웠다.
기침이 가라앉으면 검은 수면 위로 낮은 돌팔매가 떠오르고
그때 배웠다, 꺼이꺼이 이름이라도 부르지 않으면
존재가 지워지고 만다는 것도.
개 나라 개나리는 흔적도 없고, 제 하얀 살을 흔들어대던 아카시,
아카시 그늘 아래 백혈병이나 앓던 시절이었다.
아침엔 노자老子 강론을 한 시간 꼬박 들어야 했고, 일 없는 저녁이면
한양호프 구석자리에서 라깡과 춘천의 안개를 느껴야했다.
환한 지옥이 이어지고, 밤 이슥해 서초동을 몇 번 외치고
쌍전봇대 아래 키득이며, 속 편히 담배 한 대 피워 물 수 있었다.
바퀴가 큰 전차나 커다란 야포 앞에 서 있는 당당한 나를 상상했다.
배우고, 상상하고, 상상을 배우는 것을 포기하기 위해
색 바랜 녹색 유니폼에 파묻히고 싶었다.

아주, 아주 먼데로 편지를 쓰고, 말표 구두약 얼굴에 바르고
짜-잔, 나쁜 놈으로 다시 태어나고 싶었다.
이제, 어김없이 5월이면
아직도 스승의 날과 개교기념일 사이 말라버린 꽃다발처럼
이마에 살 허물 벗겨지고, 빠진 머리칼 수채통을 메워버리는 아침,
나직하게 등 뒤에서 나를 부르는
청자 물고 은하수를 건너가는 낯 두꺼비,
꼴딱, 꼴딱, 한생이 영원이다.

| 제4부 |

짐작의 우주宇宙

짐작의 우주宇宙 · 2

그늘 반,
담장 아래 흰 꽃잎
덜 여문 고춧대 사이 가로질러
벌써, 실잠자리 한 마리
세상이 온통 제 것인 양
날갯짓 틈틈이 꼬리 춤에 바쁘다.
유월의 해는 점점 높아지는데
바람은 훌쩍 나무키를 넘어 불고
붓꽃마저 다 시든 뒤뜰
겨우, 실잠자리 한 마리
선연한 시-공을 가득 메운다.
-삶이란 그런 것이다,
바람 없이 떨리는 만큼 떨어주는 것.
내 달엔 연자주 수국이 피리라.
나는 가도
언제나 우리의 무대엔 새 주인공.
그늘 반, 햇볕 반
어른거릴 것이다.
아, 오늘은 학교 가는 날.

시인이 있었다

그때 예뻤다.
내 친구 윤학이는 구의동
먹자골목 카페, '이곳에 살기 위하여' 주인
나는 길 건너 광장전화국에 애인들 두고
민원처럼, 수시로 애원을 날리던
스물 몇 해의 긴 가을,
손바준다 예고한 박남철형 손바닥 크기를 상상하다

나는 보았다. 윤학이 썩은 앞니가 황금처럼 빛나는 걸,
시인이란
무릇 돌덩이에 제 핏줄을 얽어
황금으로 만드는 것,
아니, 손바닥 위 모든 황금을 새벽 고양이털처럼
세상 가장 어두운 곳으로 날리는 재주.

햇노란 얼굴이었나,
그 시절 내가 사랑했던 시인들은
뜨겁게 팽창하는 태양 아래, 씩씩하게

누구는 몇 십억 자산가가 되고,
누구는 신문지상 아침 잠꼬대에 바쁘고,
누구는 대추 한 그루를 천 그루의 맘으로 농사짓고
그때는 그때, 지금은 지금이라지만

시인이란
오롯이,
발광發光하는 자해식충自害食蟲이 아니었던가?

한담閑談

담장과 라일락 사이
광물성과 식물성 사이. 아니
침묵하는 담벼락과 열띠게 환호하는 푸른 이파리
사이 박새 한 마리 놀고 있다.
담배 두 개비를 다 태우는 사이
제 얼굴보다 큰 눈을 가진 새 한 마리,
발 밑 한 번, 바람 부는 먼 산 쪽 한 번,
그리고 고개 돌리는 잠깐
내 서창을 힐끗 지나간다.
아무래도 나와는 할 말이 없다는 듯
저 혼자 열렬히, 신나게 놀고 있다.
햇살은 간혹 녹슨 삽을 지나 아무렇게나 개어 논
빨래건조대에 걸리는데,
오늘은 수요일,
내일 오전 강의와 모레 오전 특강,
시집 해설과 집중조명 한 꼭지, 오전에 받은 심사평과
올 가을 유난히 접히지 않는 기침 한 자락을 생각한다.
그러니까, 결국 오지 않은 미래를 걱정한다.

〉

그새 사철나무에 올라앉은 박새 한 마리.
새끼손톱보다 작은 입으로 노래한다.
노래가 아니라 산해경이나 금강경을 외는지도 모른다.

쓰디 쓴 입술을 다 식은 커피로 적시며,
녀석을 불러보지만
나무를 박차고,
담벼락을 치고,
수국 사이를 날아와 창틀 한 번 밟고
먼 서녘 하늘 제 길로 사라진다.
얼굴보다 커다란 눈망울만 한참 방 안을 기웃댄다.
이름지어주지 못한 딸아!
그립다는 것은 그저 이렇게 그리울 뿐이구나.
발음도 안 되는 말을 왜 힘들게 배워야만 했을까?
오늘은 가끔 흐린 수요일.

상사想思 야유회

사월의 바람은 아직 시리고
참숯 위에 고기는 노릇하게 익어가고
왼쪽으로 꺾인 호수는 쉼 없이 반짝이고
주머니 속 전화기는 깰 줄 모르고
재빨리 담배연기는 등 뒤로 흩어지고
잔을 비울 때마다
저절로 머리 안 우리가 열리고
가는 햇살 헤치며 마당을 뛰어다니는
코끼리를 뒤쫓는 쥐,
쥐 다리를 문 뱀,
뱀 꼬리를 밟은 낙타,
낙타 등에서 겨우 앞 몸통이 빠져나온 표범,
함께 쫓고 쫓기며 석쇠 위에 고기를 굽는
호숫가 사월의 야유회.
아무도 없는
빈 길이 서러워,
멀게 이어진 빈 길이 서러워,
평범하게 길게 뻗은 빈 길이 서러워,

평범하게 길게 뻗은 좁은 빈 길이 서러워
—사랑했을 것이다.
그 길을 거스르고 있었다면,
지친 떠돌이 한 마리 개였을지라도.

고해주사告解酒邪

이 저녁은 거룩했다고 쓰자.
세 시간 전까지 백묵을 들었던
희고 가는 손으로,
석 달을 울어대던 뒤뜰 고양이를 죽이고,
담벼락에 길고 뜨신 오줌자국 남기고 돌아선,
이 저녁은 정녕 기특하고,
또 거북하다고.
불편한 뱃속은 더 불편하다고 울자.
피똥을 싸며 클로소프스키를 읽다가
동유럽의 어디쯤, 학살의 강가가 아닌,
달콤한 남알프스도 아닌
어느 빈 들 눈밭에서,
네 이름을 썼다 고운 눈으로 덮어버리고
울며, 웃으며 기어 나와 처음처럼 한 잔,
다시 변기 위에 앉아 성호를 긋는다.
시여!
모든 것은 너무 빠르거나 늦었으니
죄를 더 큰 죄로 덮어주시길.

영광—더 이상 지상에는 없는,
가을로 이미 저문 이 저녁.
죄罪로도, 연민으로 불러도
삼 십 년 전 문학 소년이었을 때처럼
도무지 난 정체불명.
이 저녁,
나 말고
온 세상의 모든 숨 쉬는 이들이여,
거룩하고, 무궁토록 거룩하여라.

시인이 있었다 · 2

강 양쪽엔 벼랑을 따라 희고 붉고 노란
밥풀들 덕지덕지 붙어 있었네.
참, 햇볕 좋은 날들.
뒷다리가 안 풀린 개구리는 훌쩍 앞 물 숲에 빠지고
흉곽 엑스레이 한 장,
거룩하게 가슴에 품고,
손님 없는 정거장마다 서는 버스.
헌 책가방은 도서관에 있고
무언가 서러워,
절반 쯤 뜯어먹은 영어사전은 희고 붉고 노랗게
시푸른 밥을 게워내고 있었네.
나는 멀리 있었고, 언제나

어두워지고 나면
다신 창을 열지 않겠다,
그건 진실로 너를 용서하지 않겠다는 말과 같다.
낮은 담장을 뛰어넘어 달콤한 목소리로
현관 밖에서 불러대도 돌아가라,

너는 단 한 줄 내가
연필로 그린 선도 넘지 못한다. 아무리 용감한
월경자越境者도 너와 더불어 나를 넘지 못한다.
장담한다. 거긴 내 섬세한 실핏줄과
불꽃 타오르는 영혼의 감시초소만 있다.
그리고 사막이다.
쏟아지는 폭우, 산을 뒤덮는 해일로도 너는
나를 어쩌지 못한다.
바람이 되어 길을 찾으면
나는 언제나 틀린 지름길을 내어주고
너를 가장 먼 어느 곳에 가둬 둘 것이다.*

이 진절머리 나는 세계,
소매 깃에 매달린 밥풀처럼 말라가는 시인 하나 있었네.

* 졸시 「어두워지고 나면」 부분 인용.

영혼靈魂에 대하여

오전 햇빛에 놀란 키 낮은 벽돌담이
건너편 늘어진 감나무보다
붉다.
—왜 내게 이런 일이,
겨우 상부上部에 도달해 말라 죽은 넝쿨들.
밤새 오갔던 늙고 병든 고양이털 한 움큼
가을 햇살에 씨방이나 터트릴 자세로 부푸는데,
누가 걷지 못 했을까.
빈 마당 빨래 건조대엔 고무장갑 한 짝,
지상地上의 애드벌룬처럼 끄덕이는데

영혼은 구조를 가졌을까?
픽셀이나 모듈처럼
덧붙이거나
삭제하거나
약간의 열정이 소모될 뿐
총량은 가감 없이 제 기능을 다 하는 것일까?
〉

진동모드의 핸드폰이 떤다.

사실 잘게 두들겨 맞는 책상이 우는 것이다.

아니다.

이질異質의 두 세계가 논다.

관점을 바꿔, 오늘의 모든 메시지를 거절하고

오전 햇빛이 다 기운

벽돌담 목덜미 근처 그늘을 탐구한다.

-왜 내게 이런 일이,

필연은 불가피성을 가장한 우연.

공강空講의 하루를 텅 빈 정신으로 버틴다.

영원 너머

—오민석 시인에게

식은 공기 밥 반 덜어
옆자리에 밀어주고
씹지도 못하는 무김치 자꾸 빨면서
서너 살, 숟가락 입에 물고
빤히 쳐다보는 사내아이 콧물자국 아래
덕지덕지 밥알 더미를 본다.
저 붉은 뺨에 희디 흰 밥알들,
허리가 저린 저녁자리가 내내 괴로워
기말고사 문제지를 꺼내
하릴없이 교정을 본다.
젓가락을 올린 푸른 소주잔 너머
세계는 하염없이 빗길에 미끄러지고
누구는 목이 터져 죽고,
또 누구는 가슴이 막혀 죽으리라.
듣고 보지 않아도 알 수 있는 오늘의 내가
앉은 채로 분해되는 저녁
일곱 시 무렵,
날쌘 몽둥이 하나가 단골 식당까지 쫓아온

이런 날이면
우주의 저 끝에서
기운 그림자는 철저히 어두워진다.
아니, 보고 들어도 알 수 없는 우주의 얼굴
한 구석 굶주린 별들만 최후로 깜박인다.
잇몸에서 정신으로 치밀어 오는 통증,
씹을 수 없는 무김치를 휴지에 싸 버린다.
아무래도
석 달 열흘은 더 굶어야 하리라.
밥숟갈 들 때마다 흠씬 맞아야 옳으리라.
비 오는 저녁 일곱 시 무렵의
지리멸렬,
깨꽃 같은 다짐.
저 혼자 멍드는 주먹다짐.

다시 소망하는 저녁

향香 하나 태우며
창문을 열어요.
어둑한 담벼락 아래 찍혀있는 새 발자국,
꾹, 꾹 눌러 쓴 편지는 부치지 못했는데
향기가 가로막는 여기를 지나 저기까지
기어이 당신 구두를 닦아요.
햇살이 어른대는 거리에서
왼쪽엔 우체국이 있고,
당신이 돌아서면 대학 정문이 보이지요.
'사랑하였으므로, 용감하였노라'

창문을 닫아요.
찻물이 끓는 저녁 식탁에
엎드려 되돌아 온 편지를 읽어요.
어미를 찾던 사슴은 고요히 잠들고,
먼 길을 돌아온 신발 두 켤레,
두런두런 자기 가슴을 쓸어내리면
'상상해 봐'

우리가 얼마나 얄미워하는지,
나는 등 뒤에 병원을 이고 가지만
밉다, 밉다 끝말에 하얀 풍선을 매다는지

창문을 열어요,
저 밖에는 티눈만한 눈을 굴리는
새가 있어요. 하늘이 있어요.

역설적인 저녁

세상 첫 날처럼
골목 끝을 질끈 밟았다.
희미한 눈발 사이
막 부여잡은 전봇대는 직립 그대로인데
추운 날,
낮술 탓인가,
뜨거운 얼굴로 쏟아지는 영혼의 파편들.
어린 고양이가 뺨을 핥고 떨어지고
몇 차례 졸업장이 목을 긋고 날아가고
몽땅 연필, 샤프와 청색 볼펜이 가슴팍에 꽂힌다.
빛의 속도로 날아와 머리를 쫙 쪼개는
나의 신앙,
나의 운명,
나의 헛된 고집들.

최후처럼 사는 삶은 없다.
시작이 아니라면 삶 또한 아니다.

눈은 남쪽에서 국제공항을 마비시켰다는데,
골목 하나 다 지우지 못하는 여기-지금,
불끈 발목에 힘을 주고
엉덩이 뒤로 빼고
손바닥에 혼(魂) 불어넣어
기면, 기어가면
매몰찬 물매로 들려 선 저 끝에 닿을 수 있을까?
딱 한 번 열리는 문을 밀고 들어가
소름 돋은 상처들
가지런히 뉘일 수 있을까?
세상 마지막 날처럼
밟았던 어둑한 골목 끝을 지그시 놓는다.

아버지, 목련 한 그루

대문 옆 담장이 헐렸다.
쇠망치 두어 번에 맥없이 무너진 담벼락,
나는 멀찍이 전봇대 그늘 아래 담배를 피워 물고
시멘트 길바닥에 손톱 낙서를 하는데,
굳은 흙을 파헤치는 요란한 삽 소리,
하늘은 가깝고
골목은 자꾸 길어지는데,

아버지는 내게 목사가 되라 하셨다.
-신을 믿기엔 내 영혼이 너무 여려요
아버지는 내게 한의사가 되라 하셨다.
-남을 진단하기엔 제가 너무 아파요
아버지는 내게 장군이 되라 하셨다. 당신은 소령.
—그 말씀 받을 수 없어, 아들은 새벽마다 예배당에 엎드리고,

대문 옆, 목련이 뽑혔다.
아버지와 어머니,

두 살 여동생과 내가 한껏 웃고 있는 흑백 사진,
구멍에 흙을 북돋으며 잘근잘근 밟았다.
집을 나서면, 천지가 길이지만
목사처럼.
한의사처럼.
장군처럼 시를 쓰는 아침, 아무도 아프지 마시라.
아버지는 명령을 따라 한국인이 되었고, 그 말씀 못 받아 난
자유인이 되었다. 하늘은 가깝고
골목은 자꾸 길어지는 나이가 되었다.

다시, 너를 듣는다

—나의 고양이에게

어쩌면,
영원은 순간일지 모른다.
추운 겨울밤, 담벼락 위를 밟고 와
소리 없이, 아무 말 없이
-나는 너를 죽이고 싶었다.
얼굴 반만큼 커진 눈동자,
어떤 저녁을 담아 왔나,
언어 너머의 깊은 어둠,
피어 든 담배에 손가락을 데이고
내면이란 충동과 욕망의 도가니,
펄 펄 끓이며,
이리저리
책장과 노트를 오가는 사이
제가 걸어 온 발자국을 그대로 되짚어
-너는 나를 사랑하는가, 전할 수 없는 메시지,
어쩌면,
순간이 영원처럼 길어질 수도 있다.
초저녁부터 내린 눈 위에

삶이란 깊은 징조徵兆만 문신文身하는 너,
길게 혀를 내밀어
처마에서 떨어지는 눈을 먹는다.
영원으로 잇닿은 추운 겨울밤,
내면이란 피우다 만 담배처럼 꺼져버렸다.

저녁에 눕다

—조현석 시인에게

세계는 다섯 개의 바다,
땅콩을 받아 쥔 다람쥐처럼 꼬리를 바짝
세우고 외우지.
태평양, 대서양, 인도양, 북극해, 남극해
혹은 까치에게 준 마지막 유치幼齒,
동네 형에게 뺏긴 새 연필통.
그래도 외워야하지.
세계는 다섯 개의 바다,
유라시아, 아프리카, 남아메리카, 오세아니아
유추의 절벽에 닿아 꼬리를 세우며
두 손을 비비지, 자꾸 자꾸,
세계는 건널 수 없는 두 개의 바다,
허물어진 담벼락과
틀만 남은 창문을 기웃대다
겨우 침 한 번 뱉고
짐짓 돌아서면 말갛게 웃고 서 있는 백목련,
이승과 저승,
다섯 개의 바다를 평생 헤매도

딱 한 줄,

목숨이 걸린 오후 반 나절,

이 팽팽한 사념思念을 다 메우지는 못하리.

인생은 다섯 차례의 열병,

어머니, 아버지, 누이와 아들.

끝끝내 비워놓은 그리운 당신.

짧은 저녁이 길게 가슴 높이로 눕는다.

오월 서정抒情

찬 물 한 컵에 놀라는 아침,
창틈을 빠져나간 한숨이
연보라 붓꽃 잎에 맴돈다.
오늘은 비가 오지 않아도 수요일,
갈증에 타는 몸이
책을 읽는다,
글을 쓴다.
옥타비오 파스, 파베세, 기욤 아폴리네르, 혹은
예세닌이 제 머리만한 모자를 흔들며
웃는다, 운다.
더디 오는 아침에도 모든 희망은
순수한 한 페이지를 남긴다, 그러나
혁명은 멀고
두 손에 가래침을 받아 책가방에 버린다.
내 옆구리를 잘 아는 저 검은 가방은
나의 회색 중년을 읽어낼 수 있을까?
약병 몇 통으로 남은
나는 기침의 무게를 또 재어보지만,

기어이 '시인은 위한 물리학'으로 들어간 거미와
내 발등을 떠날 줄 모르는 그리마와
검은 볼펜을 오르내리는 개미들.
세계는 생각보다 훨씬 다양하고 무겁다.
찬 물 한 컵, 다 비우고
빈 찬장을 자꾸 열어보는 아침.
오늘은 비가 왔으면 바라는 수요일,
가슴 깊은 데서 기침 한 자락 뽑아 올린다.
사랑은 이토록 아득하구나.

꽃들의 무덤

환히 불 밝힌,
죽어 말라버린 꽃들의 정원
닫힌 문으로 좁아드는 높은 담벼락엔
서슬 푸른 엉겅퀴,
찢긴 달빛만 농약포대처럼 펄럭이는데
누가 오고 있는가?
밤이 깊어도 잦아들지 않는 불빛과
희미하게 부는 약에 취한 바람,
책장은 앞으로도 뒤로도 넘어가지 못한다.
생각만으로 안드로메다 한 가운데
블랙홀의 심중의 심중으로
두 눈 똑바로 뜨고
쏟아질 수도 있지만,
자꾸 창 안을 기웃대는 검은 고양이
내 서언誓言의 반지만큼 커져버린
눈동자 우물조차 들여다 볼 수 없다.
이대로 밤은 깊어
오래된 칼자국에 마른 침 한 번 바르고

새끼손가락을 세워 오지 않는 바람을 부르는데
누구 손도끼에 찍혔나?
아주 멀리서 빙벽氷壁 무너지는 소리,
앞으로도 뒤로도 넘어가지 못하는 책장을 덮고
허공 한 가운데 사지四肢를 벌려 눕는다.
애초란
절명絶命의 허밍,
돌아서는 검은 고양이
바짝 세운 꼬리가 자꾸 부르는 것 같은데
환히 불 밝힌,
말라 죽어버린 정원의 꽃들 사이.

짐작의 우주 · 4

—꽃의 비밀

증오의 벼랑에 달리아가 폈다
겨우 몇 송이로도 세상
아침이 붉다.
붉은 이 배치는 모순이거나 왜곡.
갓길의 달리아를 누가 벼랑에 옮겨 놨을까?
극점極點에 피는 꽃은 없다.

화이트아웃*의 아침,
삶에도 위상학이 적용될 수 있을까?

간밤 노트에 적혀 있는 이상한 문자들,
해협의 독수리가 발아래 움켜쥔 어린 양을 동정하지 않듯
벼랑으로 몰아 수없이 머리 찍게 하는 너울이 어린 물개를
염려하지 않듯, 담장 위 민들레를 아직
차가운 봄바람이 아랑곳 하지 않듯,
자연은 인간을 위해 존재하지 않는다.
—불운은 예정된 것,
무릇 생명이란 고단한 머리를 끄덕이며

제 그림자를 길게 늘이면 그만, 그만이다.

자기란 얼마나 좋은 질료인가.
명예와 추락을 한 그릇에서 빚고
사랑과 배신을 같은 눈길에 담을 수 있으니
아침에 붉은 꽃이 아니다,
통점痛點에서 터져 나오는 비탄悲嘆의 밀도.
누가 갓길의 달리아를 벼랑에 옮겨 놨을까?

* 화이트아웃whiteout : 눈이나 모래 등으로 인해 시야가 심하게 제약되는 날씨상황.

|해설|

바람의 뒤축만 포획할 뿐인, 그러나 끝없이 부르고픈 노래

—백인덕 시인의 여섯 번째 시집 『짐작의 우주』를 읽고

박완호 | 시인

우리가 처음 만난 게 언제였던가? 1991년, 같은 해에 등단한 엇비슷한 나이의 시인들이 삼삼오오 짝을 지어 어울리던 어느 날 밤, 인사동의 한 술집에서 우리는 취기 어린 얼굴로 처음 마주쳤을 것이다. 갓 등단한 이십 대의 시인들은 불가능을 모르는 눈 먼 전차들처럼 툭하면 부딪히고 툭하면 마시면서, 너나 할 것 없이 청춘의 한때를 정신없이 가로질렀다. 같은 해에 등단한 여러 시인들 중에서도 백인덕과 전윤호와 나, 우리 셋은 시 쓰는 일은 물론 훗날 '글발'이라는 이름을 갖게 된 축구 모임을 통해 자주 어울리면서 어디서

든 등단 동기라는 표현을 즐겨 쓰는 각별한 사이가 되었다.

그해 겨울, 백인덕은 김정수 시인과 함께 당시 내가 신혼 살림을 차리고 있던 청주를 찾아 즐거운 시간을 보내기도 했는데, 그때 그가 내게 써준 「청주를 다녀오며」는 한동안 나를 만날 때마다 써먹는 그의 단골메뉴가 되기도 했다. 나 또한 그를 위해 두세 편의 시를 쓰기는 했으나, 부끄러운 마음에 그가 조금이라도 마음에 들어 했기만을 바랄 뿐이다.

얼마 전, 가깝게 지내는 시인 몇 명과 어울린 술자리에서 그가 느닷없이 나를 향해 이번 시집의 해설을 써달라는 말을 던졌을 때, 나는 빠져나올 수 없는 그물에 갇힌 물고기처럼 달리 대꾸할 말을 찾지 못하고 그저 고개만 끄덕거려야 했다. 며칠 뒤, 술김에 가볍게 던진 농담이기를 바라고 있던 내게 그는 정말로 두툼한 시 원고를 보내왔다.

백인덕의 시를 읽는 일은 나로서는 즐겁고도 아픈 작업이며, 그의 깊이를 따라잡지 못하는 만큼 한편으로는 부담스러운 일이기도 하다. 하지만 어쩌랴! 이미 일은 벌어졌고, 부족한 안목으로나마 내게 주어진 첫 독자의 몫을 다하는 도리밖에는.

1. '읽다' 그리고 '쓰다'—어떤 독서광의 쓸쓸한 그림자

백인덕은 자타가 공인하는 다식多識의 시인이다. 그와 이

야기를 나누다 보면 도대체 모르는 게 무엇인지 알 수 없을 정도로 깊고 폭넓은 지식을 드러내는데, 나처럼 무엇 하나 제대로 아는 게 없는 사람으로서는 그런 그를 감당하는 게 여간 버거운 일이 아니다. 시인으로서 그가 지닌 고집스런 호기심, 분야를 가리지 않는 독서, 글 쓰는 재주만큼이나 타고난 달변 등이 지금의 그를 만들어 왔겠지만, '읽는' 것과 '쓰는' 것은 그가 자신을 실현하는 한 묶음의 행위라고 할 수 있다. "외면할 수 없는 활자活字로 날아 와/제 머리를 밀어 넣는 서녘의/붉은 새들,(「저녁 독서」)"에서 확인할 수 있듯, 그가 마주치는 세계는 세상 곳곳에서 '외면할 수 없는 활자活字'로 다가오는 것이며, '읽는다는 것'은 '쓴다는 것'과 더불어 그에게 주어진 또 하나의 숙명인 것이다. 그렇게 그는 '읽고', '쓰는' 행위를 통해 적극적으로 '나'를 실현해 나간다. 그것은 '환희와 상심'이 뒤섞인 것이며, "작은 활자들의 첫 생매장(「저녁 독서」)"이라는 표현에서 보듯 그가 지닌 특유의 허무주의적 색채와 긴밀하게 연결되어 있다.

눈이 가려워 시각을 알고
맥이 풀려 때를 알며
몸 마르니 계절을 알고
마을을 벗어나서야 시대時代를 알겠더라.

—「난경難境」 읽는 밤」 부분

'읽는' 행위가 다다르는 지점은 무언가에 대한 깨달음, 즉 '앎'이지만, 깨달은 자의 몫은 '거기 그대로 남아 있는 것'이 아니라, 어딘가로 다시 떠나는 일이다. "어디에서 떠날 것인가"를 고민하는 화자의 목소리처럼, '앎'의 자리는 읽는 행위가 가닿는 종착지가 아니라 새로 시작하는 자리이다. '앞으로 가도, 뒤로 가도 한 생일 뿐(「새벽 독서」)'인 삶의 한가운데 서서 '다시 새 책을' 펼쳐들고는 언제까지라도 읽고 또 읽어야만 하는 것이다.

> 푸에리토리코에서 낮술을 마시고
> 헌 빨래가 걸려있는
> 해변이 보이는 이층 창가에 앉아
> 쓴 담배를 피워 물고
> 난, 혼자 중얼거리네.
> "나는 지옥을 안다. 내가 거기 있으므로"
> 참, 이건 랭보의 말이었던가?
> 맥주에 섞어 마신 럼이 목젖에 치밀어 오른다.
> 그는 썩어가는 무릎을 송곳으로 찌르며
> 아무도 읽지 않을 시를 썼다.
> 난, 랭보의 이름을 되 뇌이며
> 이미 썩어버린 심장을 카리브 해풍海風에 말리며
> 가장 쓴 담배를 피우는 사이, 혼자 중얼거린다.
> 약간의 비음鼻音을 섞어
> "두터운 화장을 한 지친 영혼",

축제가 끝난 골목마다 사내 몇이 버려져 있고
깡마른 고양이들이 사내의 목덜미를 핥는 사이,
참, 이건 파베세의 이미지였던가?
낮술의 해안을 지나 헌 빨래가 가리키는 숲으로,
그러니까 럼이 맥주에 섞이는 속도로 휘어진다.
기억의 회로들을 마구 연결하고, 끊고, 용접하고, 휘어버리고,
서늘한 영혼의 밑바닥에 내던진다.
그러면 나는 럼에 맥주를 붇듯, 맥주에 럼을 붇듯
산본 중심상가에서 사랑에 빠지고
"이 옷자락의 피는 나를 증거하리라"
다시, 제 머리통만한 쓴 담배를 물고 안산의 거리를 헤매리라.
참, 이건 예세닌의 투정이었던가?
안산의 거리는 저녁이 아름다워, 아름다운 저녁의 안개는
재빠르고, 시인이 되지 못한 택시기사는 제 목숨을
총알 같은 속도에 건다.
푸에리토리코에서 낮술을 마시고, 그 어떤 새도
직선으로 추락하지 않는 산본에서 사랑을 하고,
쓴 담배 한 개비 물고 안산의 안개 속에 휩싸인다.
안개는 순간 살 틈을 헤집고, 몸 안의 피를
서쪽 하늘에 뿜어버린다.
그러면, 내 체액엔 푸른 멍처럼 떠도는 낮술만 남아,
맥주처럼 차고 헐겁게,
럼처럼 뜨겁고 간단하게,
사랑할 수 있다는 것일까,
살아 갈 수 있다는 것일까?

—「낮술, 푸에리토리코에서 쓰는 비가悲歌」

그에게 있어 책은 '이곳'과 '저곳', '나'와 '누군가'를 이어주는 끈이며, '그때'와 지금 '이 순간'을 연결해주는 통로이다. 「낮술, 푸에르토리코에서 쓰는 비가悲歌」는 그의 정신세계가 지향하는 것이 무엇인지를 단적으로 드러내준다. 시적 사유의 한 지층을 고스란히 꺼내놓음으로써 한 시인의 의식을 형성하는 바탕이 어떤 것인가를 그대로 보여주는 것이다. 여러 작품에 지속적으로 등장하는 랭보, 파베세, 예세닌 등을 통해 그는 자신의 문학이 추구하는 것이 무엇인지를 끊임없이 확인한다. '그 어떤 새도 직선으로 추락하지 않는 산본에서 사랑을 하고, 안산의 안개 속에 휩싸인 채 쓴 담배 한 개비 물고서는', 그때 그들이 서 있던 자리를 문득문득 떠올리고 있는 것이다.

갈증에 타는 몸이
책을 읽는다,
글을 쓴다.
옥타비오 파스, 파베세, 기욤 아폴리네르, 혹은
예세닌이 제 머리만한 모자를 흔들며
웃는다, 운다.
더디 오는 아침에도 모든 희망은
순수한 한 페이지를 남긴다, 그러나
혁명은 멀고
두 손에 가래침을 받아 책가방에 버린다.

—「오월 서정抒情」 부분

2. 고집 센 허무주의자와 심약한 리얼리스트—한 시인의 일그러진 두 표정

백인덕의 시에는 현실과 꿈 사이에서 극심한 허기를 느껴가며 갈피를 못 잡은 채 비틀거리는 사람의 무거운 그림자가 겹쳐 보인다. "더디 오는 아침에도 모든 희망은/순수한 한 페이지를 남긴다. 그러나/혁명은 멀고/두 손에 가래침을 받아 책가방에 버린다./내 옆구리를 잘 아는 저 검은 가방은/나의 회색 중년을 읽어낼 수 있을까?(「오월 서정抒情」)" 같은 표현은 그가 서 있는 지점이 어떤 곳인가를 담담한 말투로 드러내고 있지만, 그 속에서 '생각보다 훨씬 다양하고 무거운 세계'를 온 몸으로 느껴가며 쉼 없이 책을 읽고 글을 쓰면서 '사랑의 아득함'을 되새기는 중년사내의 창백한 그림자를 발견하는 일은 어려운 일이 아니다. '왼팔의 허기'를 읽지 못하는 '오른손 글쟁이'(「난경파독難境破毒」)인 그는 "오전 열 한 시에서 오후 두 시까지/텁텁한 고량주 한 잔의 시인이었고/해질 무렵까지는 글쓰기 선생(「목 치는 저녁」)"에서처럼 "선생에서 시인으로 환幻하는(「시인투정」)" 삶을 여전히 살아가는 중이다.

돌아갈 집이 없으니 내 꿈은 영원히
팽창하는 우주에 담겨
푸르게 떨며 파리하게 빛나는 목숨,
허공을 건너간 먼지에 휩싸인 거미줄,

바람이 불지 않아도
흔들리며, 흔들리며 집 대신 길을 찾는데
그렇구나, 새벽을
견디는 밝은 눈, 투명한 시력으로도 찾을 수 있는
길은 없고, 절벽 건너 절벽, 절로
발목에 힘을 주고
허리를 곧추 세워야 할 뿐.
길게 떠돌 길마저 찾지 못했으니 내 꿈의 끝자락
영원히 응결하는 처마 끝 물방울로 맺혀
인드라, 인덕아! 나의 벗이여,
잠깐 날아가는 박새 밤톨만한 얼굴을 비추고
담벼락 끝 돌아앉은 어린 고양이 까만 털빛을 물들이다
이제 그만, 그렇구나, 무릎을 치며
일어서면 그 뿐.

—「난경파독難境破毒3」 부분

"돌아갈 집이 없다"는 진술은 인간 존재가 지닌 근원적인 쓸쓸함을 일깨워, 그의 시를 읽는 누군가를 적막한 삶의 한가운데 서 있게 만든다. 돌아갈 집을 잃은 존재인 '나'는 "흔들리며, 흔들리며 집 대신 길을" 찾지만, "새벽을 견디는 밝은 눈, 투명한 시력"을 지닌 그의 눈에도 가야 할 '길'은 보이지 않는다. "길은 없고, 절벽 건너 절벽"만이 눈앞을 가로막고 있을 뿐이다. "발목에 힘을 주고 허리를 곧추 세워"가며 길게 떠돌 길마저 찾지 못한 나. 그러나 어느 한순간, '그렇구나, 무릎을 치며 일어서' 다시 격렬하게 '길'을 찾아 나서는 것. 그것이 바로 그의, 우리의 삶인 것이다. '어떤 부고를 받고'라는 부제가 달린 이 시에서 그는, '격렬하던 별'의 생애를 살다 '허무의 블랙홀' 속으로 사라진 한 시인을 떠올린다. 혼돈스러운 삶만큼이나 애증이 뒤섞인 그의 죽음 앞에서 '허무'는 더 강력한 소용돌이를 일으키며 모든 것을 집어삼킨다. 그 지독한 허무 앞에서 그는 "집 타령, 길타령"을 슬그머니 내려놓고 마는 것이다.

친구인 이윤학이 구의동에서 '이곳에 살기 위하여'라는 카페를 하던 시절, 우리는 하루가 멀다 하고 그곳을 찾아 서른 안팎의 나날들을 기적처럼 흘려보내곤 했다. "시인이란/무릇 돌덩이에 제 핏줄을 얽어/황금으로 만드는 것,/아니, 손바닥 위 모든 황금을 새벽 고양이털처럼/세상 가장 어두운 곳으로 날리는 재주"를 지닌 존재라고 믿었던 그때, 그는 언젠가 "시인이란/오롯이/발광發光하는 자해식충自害食蟲이 아니었던가?(「시인이 있었다」)"라는 고백을 하게 될 줄 알았을까? '그때는 그때, 지금은 지금이라지만', 모든 것은 변해가고, 그나 나 또한 좋건 나쁘건 그렇게 나름대로 변해온 것이다. 그러나 시인은 「시인 천장天仗」에 나오듯, "상실의 바다에서만 팽팽하게 돛을 불리"는 존재. 모든 것을 과거로 돌려가며, "현생 지옥의 불꽃을 다시 일으켜/들끓는 병의 중심에" 닿게 하고, "지상의 모든 길들이 온전히 비워질 때까지" 결코 '타락의 비상'을 멈추지 않는 것이다. '타락의 비상'이라는 역설은 "이 진절머리 나는 세계" 속에서 "소매깃에 매달린 밥풀처럼 말라가는 시인(「시인이 있었다 · 2」)"의 모습을 떠올리게 한다. 이는 "지리멸렬,/깨꽃 같은 다짐."을 반복해가며 누군가를 치는 대신 허구한 날 "저 혼자 멍드는 주먹다짐.(「영원 너머」)"만 해대는, 심약하고 선하기만 한, 백인덕의 내면을 단적으로 드러내주는 표현이라 할 수 있다. 다른 시인들에게 띄우는 그의 시들은, 어떤 의미에서는 그 자신에게 건네는 거짓 없는 마음의 전언이라고 볼 수 있다.

누군가 기웃거렸을 이 창문에 대하여

그런 날이 있었다고 하자.
몸통을 두어 번 굴리면 학생, 되돌아 굴리면
아나키컬니힐리스트, 나는 그 나이를 사랑했다고 치자.

그런 날이 있었다고 하자.
창문이 서쪽이면 저녁이 핏빛인건 필연이지만
아, 아버지는 각혈의 낭만을 경멸했다고 치자.

그런 날이 있었다고 하자.
겨우, 근방에서 집을 잃어버리고 네거리 신호등 앞
한참을 서 있을 때, 제 영혼보다 무거운
가방을 짊어진 채 새가 되지 못한 대학생들.

누군가 창문을 기웃거렸을 그날들이
꼭 있었기를,
꼭 있었기를,
표지가 낡은 해롤드 블룸을 다시 읽으며…

—「시적 영향에 대한 불안」 전문

그가 스스로에게 붙인 '아나키컬니힐리스트'라는 수사는, 다소 생소하기는 하지만 백인덕이라는 인간 존재를 효과적으로 짚어내는 것 같기도 하다. '니힐리스트'로서의 백인덕은 그의 시를 읽어본 사람이라면 누구나 공감하겠지만, '아니키스트'로서의 백인덕은 여타 시인들의 그것과는 다소 차이가 있다는 사족을 덧붙인다면 말이다. 시인은 누구나 할 것 없이 무정부주의자의 유전자를 지녔지만, 대부분의 시인은 그 자신이 '1인 공화국'의 주인이기도 하다. 내 눈이 틀리지 않다면, 그들과는 달리 백인덕은 그것마저도 지니지 않은, 그야말로 '낯선 아나키스트'인 것이다. 그런 점이 바로 끊임없이 자신을 학대하면서도 타자를 향해서는 주먹 한 번 내밀 줄 모르는, 심약한 '리얼리스트'라고 불러야 마땅한 그를 뿌리 깊은 '허무주의자'로 만들어주는 것일지도 모른다는 생각을 할 때마다 마음 한구석이 저려오는 것은 무슨 까닭일까? 삭막하기 짝이 없는 세상 한가운데 빈손으로 서서, "제 목을 꺾는 박새 한 마리가/온 몸의 시로/온 세상의 비와 맞서(「사월의 오늘」)"듯, 걷잡을 수 없이 밀려드는 세찬 바람을 속수무책인 온몸으로 감당하고 있는 그를, 나는 무엇이라 불러야 하는가?

3. '과거' 속을 헤매는, '현재'의 벽에 갇혀 있는—여전히 아픈 현실 속의 '나'

백인덕의 이번 시집에는 '과거'의 기억을 떠올리는 시들이 많이 보이는데, 그 중심에는 오나가나 아프기만 했던 그 시절의 '나'와 함께 난공불락의 '아버지'가 존재한다. "생의 전율은 왼팔 경련으로 몰락(「오월-심지」)", "순간 빛나가는 이 기분, 왼쪽으로만 휘는 팔의 각도(「빈사의 근황 · 2」)", "늘 절름대는 왼쪽(「빈사의 근황 · 2」)"에서 보듯, 그에게 있어 '왼쪽'은 아프고 불행한 것들이 있는 지점이다. 또한 그곳은 또한 시리면서도 반짝이는 꿈이 존재하는 자리이기도 하다.

삼십년 오른쪽으로 기운 내 그림자는 책가방 때문이 아니다.
언제나 흐리거나 안개가 서린 나의 왼쪽엔
예세닌과 파베세, 혹은 씹기만 한 담배가 매달려 있었을 뿐.
두렵게 마신 술은 환한 골목 초입부터
가슴 불길을 따라 치고 올라와
목젖에 몇 차례 화인火印을 찍는다.

깊이 없는 사랑에 얼마나 많은 돌을 던졌던가?

목줄이 끊긴 수캐가 낮은 담장에서 쏘아보는 한밤,
너에게 혁명을 가르칠 수 있다면,
기꺼이 내來 생의 나는 개밥이 되리라, 아니
개밥의 도토리가 되어 주리라, 연신 성호를 긋는 잠시
불 켜진 창에서 터져 나오는 앳된 웃음 한 가락.
슬그머니 왼쪽에 달려있던 귀신 몇을 풀어준다.

이제 배우는 저 어둠 발목마다 꽃이 피는 소리,
환한 골목의 낯선 세계.

—「남은 반 칸을 허물다」 부분

'왼쪽'은 언제나 흐리거나 안개가 서린 곳이지만, 동시에 예세닌과 파베세, 혹은 씹기만 한 담배가 매달려 있는 곳이다. 흐리거나 안개가 서린 '왼쪽'이 아프고 불행한 지점을 가리킨다면, 예세닌과 파베세 등이 있는 '왼쪽'은 "어둠 발목마다 꽃이 피는 소리,/환한 골목의 낯선 세계"가 그려내는 이미지처럼 그의 내면 깊숙이 새겨져 있는 꿈과 맞닿아 있는 곳이라고 할 수 있다.

'왼쪽 눈썹이 가려진 아버지의 사진(「아버지의 철모」)'을 앨범에서 꺼내 침을 발라 문 한가운데 붙이며 '어느 쪽으로 더 기울어야 하는가?'를 고민하는 화자에게서는 어떤 것도 선택하지 못하고 다만 "시로나 생으로나, 그저 미안하다.(「

쉰, 반편半偏의 추억」)"는 고백과 함께 그 순간의 갈등 속에 빠져 허우적거리는 누군가의 모습이 선명하게 떠오른다. 반편半偏이 갖는 이중적 의미(1.한 개를 절반으로 나눈 한편/ 2.지능이 보통 사람보다 모자라는 사람을 낮잡아 이르는 말)는 오십 줄 나이에 접어든 '이 조촐하고 쓸쓸한 땅의 시인(「아득한 전언 · 겨울」)'인 그의 부끄러운 고백만큼이나 아프고 쓸쓸하기만 하다.

> 저녁을 먹고 아버지의 훈시가 끝나면 성경을 읽었다. 난 잠언을 특히 좋아했지만, 가끔 사도행전을 암송했다. 거룩한 저녁이 저물고, 밤늦어 키에르케고르를 읽었다. 카라멜처럼 녹아드는 밤, 영어사전과 한자자전을 양 옆에 펼쳐놓고, 정작 알 수 없는 암호로 미래를 타전했다. '바람은 벽에 닿기도 전 제 원소로 분열한다.' 생은 멀리 있었고 몸은 아팠다. 몸은 밀착돼 있었고, 기억은 몸을 버리고 있었다. 내가 먹은 약들은 몸이 아니라 기억의 저장고에 쌓이고, 몸이 살아나며 병은 깊어갔다. 병듦이 삶이라 생각했지만 얼마나 오래 갈지는 몰랐다.
>
> —「변태變態-나는 사는 게 두렵다」 부분

나를 '어울리지 않는 시공에 내동댕이쳐버린' 아버지는, 나의 뿌리임과 동시에 '나'를 아프고 병들게 만든 원천이기도 하다. 단단하고도 '죽지도 않는(「연사連死」)' 존재인 아버지의 기대와는 달리 나는 늘 '무섭고 불안하고 절망스러운' 아들이었기 때문이다.

대문 옆 담장이 헐렸다.
쇠망치 두어 번에 맥없이 무너진 담벼락,
나는 멀찍이 전봇대 그늘 아래 담배를 피워 물고
시멘트 길바닥에 손톱 낙서를 하는데,
굳은 흙을 파헤치는 요란한 삽 소리,
하늘은 가깝고
골목은 자꾸 길어지는데,

아버지는 내게 목사가 되라 하셨다.
-신을 믿기엔 내 영혼이 너무 여려요
아버지는 내게 한의사가 되라 하셨다.
-남을 진단하기엔 제가 너무 아파요
아버지는 내게 장군이 되라 하셨다. 당신은 소령.
-그 말씀 받을 수 없어, 아들은 새벽마다 예배당에 엎드리고,

대문 옆, 목련이 뽑혔다.
아버지와 어머니,
두 살 여동생과 내가 한껏 웃고 있는 흑백 사진,
구멍에 흙을 북돋으며 잘근잘근 밟았다.
집을 나서면, 천지가 길이지만
목사처럼.
한의사처럼.
장군처럼 시를 쓰는 아침, 아무도 아프지 마시라.
아버지는 명령을 따라 한국인이 되었고, 그 말씀 못 받아 난
자유인이 되었다. 하늘은 가깝고

골목은 자꾸 길어지는 나이가 되었다.

—「아버지, 목련 나무 한 그루」 전문

목사가, 한의사가, 장군이 되라 한 아버지의 말씀을 받을 수 없는 아들은 자유인, 즉 시인이 되었다. 세월이 지나도 지워지지 않는 '억압'으로 남아 있던 아버지. '대문 옆, 목련'이 뽑히는 순간, 그는 비로소 오랜 억압에서 벗어난 '나'를 마주칠 수 있었을 것이다.

반편半偏의 삶을 살고 나서야 그는 자신의 또 다른 '반편半偏'을 만나 뒤늦게나마 한 가정을 이루었다. 제자들의 주례를 서는 게 익숙했던 나는 그 덕에 오십 줄에 들어선 나이에 결혼식에서 사회를 보는 호사를 누려보기도 했다. 이번 시집에서 종종 마주치게 되는 '아내'라는 말은, 더없이 외롭고 아프기만 한 그를 옆에서 지켜본 벗의 입장에서는, 그런 표현을 만난다는 사실 하나만으로도 박수를 쳐주고 싶은 마음뿐이다.

눈이 내린다.
창밖은 서설이 한창,
아내는 멸치를 볶는다.
창안엔 빈 틈 사이 삶이 달궈지고
나는 하르투리안의 책을 읽고,

아내는 남태평양을 유영한다.
지느러미 없이 저 우아한 물질은
그렇다, 당신이 얼마나 숨 고르며 이
세상을 거슬렀는지 말해준다.
나는 그저, 선언적 명제 아래서만
고만한 섬의 어부가 된다.
성긴 그물로 낯선 은유를 낚아 올려
도매금 어(語시)장에 널어놓고 싶을 뿐이다.
창밖의 서설은 제 스스로 겨워
이제 폭설이다.
올려 보는 창 안에서
유영을 마친 아내가 물빛으로 시선을 건넨다.
나는 아직 '역사의 요동' 속에 있는데,
창 이 쪽, 저 쪽이 진저리치게 밝아온다.
아내여!
그러므로 나는 그대의 불과 기름에 있고,
저 성긴 눈 사이에 하릴없이 서성이고
고단한 잠과 꿈의 경계에
지친 빨래처럼 널려있으려니,
창을 메워버리는 눈,
걷어내지 못한 눈의 폭력 아래
이 쪽창 안에서 나지막하게 그대를 부르는
나는 목이 겨워,
겨우, 그대 이름을 부를 뿐.

—「동짓달」 전문

그러나 현실은, 우리에게 행복한 순간만을 주는 것은 아니어서 "아무래도 잘못 살고 있는 것 같은데,/삶을 모르는 겨울나무 두 그루/서로 쳐다보지도 않으며/그냥 울고(「이월-그림자」)" 있듯, 남들처럼 그도 때로는 울고 때로는 웃으며, 누군가와 더불어 겪는 순간들을 싫든 좋든 끌어안아야 하리라. '내일 오전 강의와 모레 오전 특강,/시집 해설과 집중주명 한 꼭지, 오전에 받은 심사평과/올 가을 유난히 접히지 않는 기침 한 자락(「한담閑談」)'을 떠올리는 것은 오늘을 살아가는 우리 모두가 당면한, 언제까지라도 무너지지 않을 '벽'일 것이다. "플라스틱 카드 한 장 손에 쥐고/몇 푼만 있으면 착한 놈이 되리라,/몇 푼만 들어와 있다면 정말 착한 놈이 되리라(「어떤 출근」)"라고 다짐에 다짐을 거듭하며 새벽녘 까치 똥을 피해 학교로 가는 일. 그의 말마따나 '실잠자리 한 마리/선연한 시-공을 가득 메우듯(「짐작의 우주 · 2」)' '바람 없이 떨리는 만큼 떨어주는 것', 삶이란 바로 그런 것이기 때문이다.

두서없이, 그가 지나온 길들을 따라오는 동안 나는 그가 겪었을 외로움과 아픔을 떠올리며 그의 어깨를 조금 더 다독여주지 못한 것이 말할 수 없이 부끄러웠다. 백인덕의 시를 읽는 분들의 마음에 내가 느꼈던 감동의 일부분만이라도 전해지기를 빌며, 그의 여섯 번째 시집의 첫 독자가 된

즐거움을 가만히 들려주고 싶다.

"여기와 저기,/그때와 지금,/우주는 온통 사건들로 채워지지만/재빠른 그대 칼날은 내 옆구리를 비껴가고/내 언어의 그물은 바람의 뒤축만 포획할 뿐(「짐작의 우주」)"일지라도, 그는 언제나 자신의 노래를 부르고 있으리라. 그의 슬픔 또한, 그렇게 언제까지라도 지속될 테지만.